# Passagens intrigantes da
# Bíblia

**Dados Internacionais de Catalogação na Publicação (CIP)**
**(Câmara Brasileira do Livro, SP, Brasil)**

Grün, Anselm
    Passagens intrigantes da Bíblia : entender
espiritualmente / Anselm Grün; tradução de Gilberto
Calcagnotto. – Petrópolis, RJ : Vozes, 2017.
    Título original : Schwierige Bibelstellen : spirituell erschlossen
Bibliografia.

1ª reimpressão, 2020.

ISBN 978-85-326-5447-2
    1. Bíblia  2. Bíblia – Interpretação e crítica (Exegese)
3. Espiritualidade I. Título.

17-02351
                                                       CDD-220.6

Índices para catálogo sistemático:
1. Bíblia : Exegese   220.6

# Anselm Grün

# Passagens intrigantes da Bíblia

Entender espiritualmente

Tradução de Gilberto Calcagnotto

EDITORA VOZES

Petrópolis

**CONSELHO EDITORIAL**

**Diretor**
Gilberto Gonçalves Garcia

**Editores**
Aline dos Santos Carneiro
Edrian Josué Pasini
Marilac Loraine Oleniki
Welder Lancieri Marchini

**Conselheiros**
Francisco Morás
Ludovico Garmus
Teobaldo Heidemann
Volney J. Berkenbrock

**Secretário executivo**
João Batista Kreuch

---

*Editoração*: Gleisse Dias dos Reis Chies
*Diagramação*: Sheilandre Desenv. Gráfico
*Revisão gráfica*: Nilton Braz da Rocha / Nivaldo S. Menezes
*Capa*: Érico Lebedenco
*Ilustração de capa*: Tiziano Vecelli (1485-1576). Sacrifício de Isaac, entre 1542 e 1544. Santa Maria della Salute, Veneza, Itália.

ISBN 978-85-326-5447-2 (Brasil)
ISBN 978-3-451-00554-1 (Alemanha)

Editado conforme o novo acordo ortográfico.

Este livro foi composto e impresso pela Editora Vozes Ltda.

# Sumário

# Introdução

A Bíblia constitui parte essencial do patrimônio central cristão. Só que sua leitura nem sempre é fácil. Há passagens obscuras e difíceis, tanto no Antigo como no Novo testamentos. Já na primeira geração do cristianismo encontram-se no Novo Testamento exemplos de textos cuja compreensão não é nada fácil. Neste sentido, a Segunda Epístola do Apóstolo Pedro (2Pd 3,16)[1] se refere a epístolas do Apóstolo Paulo afirmando que nelas se encontram "vários assuntos de difícil entendimento". Os Atos dos Apóstolos relatam um episódio bem ilustrativo. Dirigindo-se a um eunuco não judeu da Etiópia que, meio perplexo, estava lendo um texto dos profetas, o Apóstolo Felipe perguntou-lhe: "Estás compreendendo o que lês?" Ao que o interrogado respondeu, provocando: "Como entender sem alguém que me oriente?" (At 8,30ss.).

Não causa admiração o fato de que também hoje em dia a Bíblia contenha enigmas para o leitor que nela busca orientação para a sua vida. Para muitos, determinados trechos afiguram-se provocativos ou mesmo amedrontadores. Nos últimos dois anos tenho recebido correspondência de numerosos leitores

---

1. Para esta e todas as demais citações da Bíblia em português cf.: *Bíblia Sagrada* – Edição Pastoral. 31. impr. São Paulo: Sociedade Bíblica Católica Internacional/Paulus, abr./1999 [trad., intr. e notas de Ivo Storniolo, Euclides Martins Balancin e José Luiz Gonzaga do Prado] [Imprimatur do presidente da CNBB, Dom Luciano Mendes de Almeida, em 26/11/1991].

e leitoras dizendo não saberem o que fazer com certas passagens bíblicas e manifestando-se incomodados ou que simplesmente não as entendiam. Tentei interpretar alguns desses textos. Não desejo confirmar com isso a objeção feita com razão por um crítico do cristianismo, o filósofo Kurt Flasch, a muitos cristãos que fazem desaparecer a dificuldade como que mediante um passe de mágica verbal ou simplesmente ignorando-a. Não desejo contorcer as passagens bíblicas até torná-las compatíveis com minha teologia. O que me proponho é debater-me com elas até compreendê-las. Neste empenho, meu entendimento é importante. Meu patrono de onomástico é Santo Anselmo de Canterbury, segundo o qual a teologia deve ajudar a compreender aquilo em que se acredita. Seu programa rezava: *Fides quaerens intellectum*, ou seja, a fé em busca do entendimento. Esta é a minha intenção. Desejo entender o que leio na Bíblia, e entender é sempre um ato subjetivo.

Hoje em dia a Bíblia é vista de modo negativo por muitos críticos. Na opinião do biólogo evolucionista Richard Dawkins, o Deus do Antigo Testamento é "a figura mais desagradável de toda a literatura". E o crítico das religiões Franz Buggle caracteriza como terror psicológico, por exemplo, a ameaça do inferno brandida no Novo Testamento como uma pena eterna. Essas opiniões foram objeto da atenção de Gerd Häfner, professor do Novo Testamento em Munique, em artigo publicado na coleção "Die angeklagte Bibel" (A Bíblia sob acusação) da revista *Christ in der Gegenwart* (Cristão no tempo presente). Na verdade, o que está por trás dessas objeções é a falta de entendimento quanto à peculiaridade da linguagem bíblica. É claro que elas dão conta das dificuldades enfrentadas por muitos fiéis cristãos ao lerem a Bíblia de maneira independente, ao se depararem com histórias escandalosas do Antigo Testamento ou com frases incompreensíveis pronunciadas por Jesus e, portanto, capazes de confundi-los. Frequentemente eles leem as palavras de Jesus à luz de um certo preconceito, advindo de uma determinada experiência prévia. Certamente escutaram na infância uma certa interpretação dessas palavras, uma interpretação amedrontadora que lhes vêm à mente ao lerem as palavras de Jesus. E assim fica-lhes obstruído o acesso ao verdadeiro sentido delas. Eles não o entendem. Outros leem a Bíblia com o preconceito pautado por sua própria estrutura psíquica. Quem vai ler a Bíblia sentindo medo do caos desconhecido reinante em sua alma, ver-se-á confirmado neste sentimento ao deparar-se com certas passagens. Conheci um homem que já não podia ler a Bíblia porque somente lia nela palavras de condenação. Ele sofria de um transtorno compulsivo que lhe prejudicava a percepção das coisas. Transtornos compulsivos sempre têm a ver com um sentimento inconsciente de culpa. Quando uma pessoa lê a Bíblia nessas condições, sempre sua estrutura psíquica irá obscurecer e deturpar as palavras. Em toda parte ela se verá confrontada com sua culpa e com uma ameaça de castigo.

Ao ler a Bíblia, uma palavra de Santo Agostinho me serve de importante chave para atinar o sentido das palavras. Agostinho era um orador romano e, como tal, estava familiarizado com a hermenêutica científica, ou seja, com a compreensão de textos. Os gregos e romanos desenvolveram uma hermenêutica própria. Textos que necessitam de uma interpretação e explicação – uma exegese, portanto –, primeiro têm de ser compreendidos. A hermenêutica é a doutrina do entendimento de um texto e, como tal, esclarece os pressupostos e objetivos de sua interpretação. Compreender e a vontade de compreender fazem parte da essência do ser humano. São também, desde o início, essenciais para o manuseio da Bíblia. Já a palavra alemã *"Ver--Stehen"*[2] designa um ato que não tem a ver apenas com o texto sob meus olhos. É também um ato que tem a ver comigo mesmo: Somente quem "com-preende" sua própria vida, somente quem "com-preende" o texto que lê, somente quem em última análise "com-preende" seu "estar-aí", sua própria existência é capaz de "firmar-se de pé diante de si mesmo", ou seja, de afirmar-se a si próprio. E é no sentido de tal arte da compreensão que Agostinho nos colocou à mão uma chave para lidar com as palavras bíblicas. Ele escreve: "O verbo divino é o adversário de tua vontade até o momento em que Ele se torna artífice de tua salvação. Enquanto fores inimigo de ti mesmo, a palavra de Deus também será tua inimiga. Sê amigo de ti mesmo e então também estarás de acordo com a palavra de Deus". Em latim, esta frase está até mais elegante: *Esto tibi amicus et concordas cum ipso.* Quer dizer: ao lidares amigavelmente contigo mesmo, ao seres amigo de ti mesmo, concordarás com a palavra de Deus, ou seja, conformarás teu coração à sua palavra. E a palavra de Deus corresponderá ao teu coração. E te colocará em contato com teu próprio coração.

Aplicadas à minha interpretação bíblica, estas palavras de Santo Agostinho significam para mim: Sempre que me sinto incomodado com uma palavra da Bíblia, estarei sendo meu próprio adversário. Sinto-me importunado pela palavra porque ela contraria minha concepção de vida que tenho seguido até

---

2. O verbo *verstehen* compõe-se de *stehen*, i. é, estar de pé, postar-se, e do prefixo *ver*, o qual indica para o verbo que lhe pospõe uma ação transformadora ou metabólica; no caso, a interiorização intencional do objeto que, por assim dizer, está de pé ante nós. *Verstehen* significa entender, compreender [N.T.].

agora. Mas esta concepção de vida não me conduz à vida, mas sim à inimizade para com meu verdadeiro modo de ser. Por exemplo: A Parábola dos Operários da Vinha me incomoda porque me coloca diante de minha própria inveja. Ou também: as palavras de Jesus me irritam porque me fazem lembrar minha culpa recalcada. Portanto, a palavra de Deus descobre em mim o que eu desejava que não viesse à tona, que ficasse despercebido. O incômodo ante a palavra de Deus é, no fundo, incômodo comigo mesmo. Então terei de ficar me debatendo com a palavra de Deus até tornar-me amigo de mim mesmo, até poder aceitar-me com tudo o que surge em minha consciência em forma de emoções e pensamentos. A palavra de Deus deseja conduzir-me a uma concepção de vida correspondente à essência do meu próprio ser. Portanto, compreender a palavra de Deus se dá por um caminho de duas mãos. Numa direção, devo tratar-me amigavelmente, devo tornar-me amigo de mim mesmo, e então também compreenderei a palavra de Deus. Mas ainda há a outra direção, a que me leva a procurar entender a irritante palavra de Deus sob muitos aspectos, até que eu a entenda. Uma compreensão correta da palavra de Deus fará com que eu me torne amigo de mim mesmo. Entendendo a palavra de Deus, também me compreenderei a mim mesmo. Assim me tornarei capaz de manter-me leal para comigo mesmo, de aceitar-me como sou.

O que Santo Agostinho disse em linguagem figurada recebeu uma confirmação por parte da hermenêutica contemporânea. O filósofo Hans-Georg Gadamer, um discípulo de Martin Heidegger, prestou importante contribuição para a hermenêutica hodierna, ao expor que esta disciplina trata de ligar o "estranho" expresso em qualquer texto àquilo que nos é "próprio".

Compreender o texto sempre significa também compreender a si mesmo. Não é tão importante refletir sobre o que o autor terá pensado naquele tempo. Antes devemos nos confrontar com o texto, travar um diálogo, conversar com ele. No objetivo de compreender melhor a si mesmo. Gadamer fala neste contexto de uma fusão de horizontes. O texto bíblico tem uma concepção bem determinada de Deus e da pessoa humana. E eu, enquanto pessoa do tempo atual, também tenho uma certa concepção tanto de mim mesmo, enquanto pessoa, como de Deus. Na leitura do texto bíblico, ambas as concepções devem fundir-se mutuamente num único horizonte comum. Neste novo horizonte passo a ver minha vida com um outro olhar. Vejo-a de um modo novo. Compreendo-me de uma nova maneira. O ato de compreender tem a ver com minha vida e, portanto, constitui sempre um processo subjetivo. Neste sentido, o compreender não trata de constatar o conteúdo apenas objetivamente ou de situá-lo simplesmente em seu contexto histórico, mas também de entabular um diálogo em que eu próprio estou inserido.

O que eu desejo com este livro é, por um lado, contribuir para que o leitor e a leitora se animem a travar nestes moldes um diálogo pessoal com os textos bíblicos; por outro lado, também almejo capacitá-los a tanto. Mas isto também significa para você: Tenha confiança em seu próprio coração. Ao ler um texto sem compreendê-lo, procure senti-lo por dentro. Qual é a sensação que o texto lhe transmite? Que sentimentos desperta em você? Se for medo ou resistência, não dê valor a isso, mas sim pergunte a si mesmo: O que significa para mim este receio, esta resistência? Estou com medo de mim de mesmo? O texto estará apontando, com esta angústia que ele em mim desperta, para uma antiga ferida, para sentimentos de culpa recalcados ou para algum aspecto que desejo manter no escuro para evitar vê-lo? Haverá alguma resistência de minha parte contra a vida? Ou estarei resistindo a uma antiga interpretação que me ocorre durante a leitura desse texto? E, dado que o texto me desagrada, não estarei descobrindo em mim antigos ferimentos infligidos por pessoas que dele tinham uma interpretação bem determinada? Nestes casos, os sentimentos seriam um desafio para que eu descubra a energia salvífica e transformadora do texto para mim.

Quando, pelo contrário, você nada consegue extrair de um texto, procure descobrir as seguintes associações: Que imagens surgem em mim? Quais lembranças me evoca? Já o li ou ouvi alguma vez? Se o estou lendo pela primeira vez, o que ele provoca em mim? Ele me é estranho? Neste caso, procure contemplar o estranho e deixar-se questionar por ele. Se é que a hermenêutica representa a arte de tornar próprio o que me é estranho ou de ligar o estranho ao próprio de modo a ampliar o meu próprio horizonte, cabe perguntar: Será meu modo de ver as coisas realmente o único possível? Qual é a visão de vida que se me apresenta nesse texto bíblico? Se esse texto me espinafra, será isto um sinal de que o entendi errado? Ou será que este incômodo não me estará tornando zangado comigo mesmo por ter-me flagrado na incoerência?

Procure aplicar as palavras de Santo Agostinho a seu modo de compreender o Novo Testamento. Ao ler a História da Salvação, imagine ser você mesmo a pessoa doente que Jesus curou. Interrogue-se sobre quais problemas psíquicos apontam a doença física. Em seguida, imagine Jesus falando com você, encontrando você, tocando você. Neste momento pode ser que aconteça com você o que ocorreu naquele tempo. Aplique as palavras de Santo Agostinho justamente às parábolas de Jesus.

Nestas, existem sempre dois polos: Jesus fascina e provoca. Jesus é um narrador maravilhoso. Com sua narração Ele desperta nossa curiosidade e nos cativa. Mas de repente aparece um ponto que nos intriga. Jesus quer dizer-nos: "Onde você se sente incomodado, é onde você se vê de maneira errada. E onde você também tem uma imagem errada de Deus". Com esta provocação, Jesus quer levar-nos a uma imagem saudável de nosso próprio eu e a uma imagem correta de Deus. E use a palavra de Santo Agostinho como uma chave para entender as palavras de Jesus. À primeira vista, muitas de suas palavras se mostram muito duras, demasiado rigorosas, excessivamente exigentes. No entanto, as palavras de Jesus são para mim sempre palavras voltadas a conduzir-me à vida. Se, ao interpretar as palavras de Jesus, suscito em mim ou nos leitores ou ouvintes sentimentos de angústia, é sinal de que não as entendi direito, pois as estarei utilizando como instrumento para amedrontar as pessoas e assim exercer poder sobre elas. Somente quando as palavras de Jesus me conduzem à vida e à amizade comigo mesmo é que as estou compreendendo corretamente. Mesmo assim as palavras de Jesus não deixam de ser exigentes. Elas não confirmam meu modo de ver a vida, mas sim colocam-no em questão. No entanto, Jesus sempre persegue o objetivo de abrir-me os olhos para que eu descubra minhas ilusões e consiga ver minha vida conforme está concebida na intenção de Deus.

A Igreja primitiva abordava a interpretação da Escritura com três questões. Você também poderá achegar-se aos textos da Bíblia com as mesmas três perguntas:

1) O que devo fazer?

2) Quem sou eu?

3) O que espero?

A primeira questão é a questão fundamental da filosofia grega. Assim reagiram os ouvintes à pregação do apóstolo São Pedro sobre Pentecostes: "O que devemos fazer?" (At 2,37). São Pedro respondeu: "Convertam-se". A palavra grega *"metanoiete"* significa literalmente: "Repensem" ou "Pensem de outra maneira". Pois o modo de pensar está errado. Muitas pessoas ficam paradas já na primeira pergunta, pois têm a impressão de que a Bíblia exagera nas exigências que coloca.

Eis por que a segunda questão é tão importante quanto a primeira: "Quem sou eu?" Várias palavras da Bíblia parecem-nos estranhas. O Evangelho de São João nos transmite palavras de Jesus que soam bem, mas quando é para interpretá-las não sabemos o que dizer. Desejo apenas dar um exemplo. Jesus diz em um dos seus discursos de despedida: "Assim como meu Pai me amou, assim também eu amei vocês. Permaneçam no meu amor!" (Jo 15,9). Soa bem. Mas como viver disso? Diante de palavras como estas, é útil o método de interpretação empregado pelos antigos monges. Trata-se da assim chamada *"lectio divina"*, ou seja, a "lição" ou "leitura" divina. Eles liam a palavra em questão e deixavam-na cair no coração para, por assim dizer, degustá-la e saboreá-la.

Quando trato de uma destas palavras, procedo da seguinte maneira: Procuro sentir a palavra dentro de meu coração. E aí me pergunto: "Se esta palavra for verdade, como me sentirei?" Ou então: "Como é que Jesus teve a ideia de proferir uma palavra destas?" Palavras criam uma realidade. O filósofo Edmund Husserl – que teve como discípula a Santa Edith Stein – faz uma distinção entre "estar-presente" e "ser-real". Muitas vezes eu apenas estou presente, mas não sou real naqueles momentos. Não sou totalmente aquele que, por minha essência, sou eu propriamente dito. Eu então vivo, por assim dizer, de modo reduzido. As palavras de Jesus me mostram a riqueza de minha própria realidade. Eu me sinto amado total e plenamente, morando no interior do amor de Deus, como que habitando numa casa de amor, circundado e penetrado pelo amor. Assim sendo, vivencio-me de uma forma diferente. A Bíblia tenciona levar-nos a uma nova experiência de nós mesmos.

Há homens e mulheres que abordam a Bíblia primeiramente com questões eivadas de ceticismo. Já leram livros críticos, que questionavam as palavras de Jesus. Opinam que os evangelistas interpretaram Jesus do modo que convinha às suas concepções pessoais. É importante, sim, que enfrentemos questões críticas e pesquisemos a Bíblia cientificamente, ou seja, utilizando as potencialidades do método histórico-crítico. Mas também existe um outro caminho importante e que faz sentido: ao ler as palavras de Jesus, primeiramente deixe de lado seu entendimento crítico e assuma essas palavras simplesmente como acertadas. Em seguida, deixe-as penetrar em você com seus sentimentos, observando o que elas operam no seu íntimo. Claro, nós também possuímos uma razão crítica. Mas ao ler as palavras da Bíblia, diga a si mesmo: "Hoje, eu quero apenas crer. E simplesmente dou esta palavra por certa. Amanhã voltarei a ler a Bíblia com meu entendimento crítico". Experimente este método. Assim, você fará novas experiências com a Bíblia.

Muitas passagens bíblicas contêm promessas. Soam bem demais para serem verdadeiras. São textos a serem abordados com a seguinte pergunta: "O que espero deste texto?" Justamente os textos do Antigo Testamento, mas também muitas palavras de Jesus e numerosas passagens das epístolas no Novo Testamento – como as de São Paulo, ambas as de São Pedro, as três de São João, a Epístola aos Hebreus e a de São Tiago – nos apontam para aquilo que nos espera, que está por vir. A expectativa não está dirigida para o que se nos há de deparar após a morte. Trata-se de promessas que pretendem mostrar-nos: já agora, nesta vida, existem mais possibilidades do que pensamos. Estes textos bíblicos procuram ampliar nosso horizonte e presentear-nos a esperança de que, já agora, nossa vida pode tornar-se mais sadia e brilhante do que é atualmente.

Muitos leitores e leitoras chamaram minha atenção para textos do Antigo Testamento nos quais Deus aparece como um Deus punitivo e violento. Estas pessoas se manifestam assustadas com a promessa de que Deus matará todos os primogênitos egípcios ou com a de que Ele ordenará aos israelitas que, ao conquistarem uma cidade, matem à espada todos os homens e todas as mulheres e crianças. Antes de pôr-me a explicar algumas destas passagens, desejo chamar a atenção para o fato de que a Bíblia fala de Deus de modo muito humano ou, como dizem os exegetas, "antropomórfico". Assim Deus é apresentado como um dominador sem piedade, um senhor guerreiro que vence seus inimigos, um Deus vingativo que reage às falhas humanas de imediato com punição. Entretanto, nenhum desses textos devem ser interpretados erroneamente como uma descrição de Deus. Essas imagens querem mostrar a realidade do mundo tal como é. O que elas querem dizer é o seguinte: Se eu vivo contrariamente à minha natureza, sou eu que me castigo a mim mesmo, pois não é este o caminho para uma vida bem-sucedida. Pelo contrário, as consequências são negativas. O que a Bíblia caracteriza como castigo de Deus diz respeito simplesmente às sequelas negativas de nosso agir. Portanto, devemos ver e julgar com realismo nossa vida. É para isto que nos admoestam, por vezes brutalmente, as descrições que, com uma linguagem antropomórfica, a Bíblia faz da ação de Deus. Mas nem por isso podemos considerar divinas propriedades como ciúme ou crueldade aparentemente atribuídas a Deus pela Bíblia. O psiquiatra Albert Görres sustenta a tese de que nossa incapacidade de ler corretamente a Bíblia tem sua causa na imagem ainda muito infantil que temos de Deus. Nós projetamos a Ele propriedades demasiadamente humanas – tais como ciúme, sadismo, arbitrariedade, punição e poder. Por isso Görres nos aconselha a "usar de modo radicalmente racional nossa capacidade de entendimento e a renunciar a qualquer resquício de superstição mitológica renitente, a inventar para a divindade um caráter duvidoso" (GÖRRES, A. *Die Gotteskrankheit* – Religion als Ursache seelischer Fehlentwicklung. [*A doença de Deus* – Religião como causa de desenvolvimento psíquico defeituoso]).

Para os monges da Idade Média, o Antigo e o Novo testamentos constituíam um todo único. Muitos cristãos veem hoje em dia o Antigo Testamento como algo superado pelo Novo. No entanto, não se pode compreender o Novo Testamento sem o Antigo. Para os monges, não havia problema de interpretação no tocante ao Antigo Testamento. Para eles, o Antigo Testamento não tratava da história de Israel, mas sim da história da Igreja, já nele prenunciada. E para eles, a interpretação da Bíblia era uma *"salutaris scientia"*, ou seja, um saber salvífico, relativo à salvação que Deus nos doa em Jesus Cristo e que já vinha sendo expressa com muitas imagens no Antigo Testamento. Esses monges interpretam o Antigo Testamento à luz do Novo, à luz de Jesus Cristo. E para eles, o importante não é o histórico. As histórias do Antigo Testamento são antes, para eles, imagens: Imagens da salvação que Deus nos deu de presente em Jesus Cristo. E nisso, eles seguem os próprios autores bíblicos e intérpretes judeus. Já os salmos deixaram de ver sob o prisma histórico as ocorrências referentes ao êxodo do Egito e às lutas contra os inimigos, para considerá-las apenas de modo figurado. Os inimigos constituíam imagens para as forças que ainda hoje nos dificultam a vida. E a saída do Egito foi a imagem original de libertação e transformação, uma figura para exprimir nosso caminho rumo à liberdade.

Foi por isso que os monges da Idade Média não tinham problema algum com as histórias do Antigo Testamento. Eles sempre as interpretam com a visão voltada para Cristo: como imagens daquilo que sucedeu para nós em Jesus Cristo. Nesse sentido, o monge cisterciense Balduíno escreveu no século XII um tratado sobre o Sacramento do Altar (*Über das Altarsakrament*), no qual ele se dedica mais a interpretar passagens do Antigo Testamento e menos as do Novo. É que ele considerava as cenas do Antigo Testamento como prenúncio do mistério que hoje celebramos no altar. Por isso não deveríamos separar o Antigo do Novo Testamento. Não deveríamos dizer: "No Antigo Testamento temos o Deus que castiga e no Novo, o Deus misericordioso". Seria simples demais. Nossa tarefa consiste antes em captar os textos do Antigo Testamento à luz do Novo, vendo-os como imagens da aspiração de pessoas aparentemente já destituídas de toda e qualquer esperança de uma virada em sua sina.

Um outro problema que hoje em dia aflige muitas pessoas durante sua leitura da Bíblia diz respeito a como saber se a Bíblia é palavra humana ou palavra de Deus. Ora, isto não se pode colocar como alternativa. Naturalmente foram pessoas humanas que escreveram os livros bíblicos. E a ciência bíblica já demonstrou ser a Bíblia uma coletânea de livros surgidos no curso de vários séculos e que a sua teologia diverge, por vezes, uma da outra. Donde se segue apenas, segundo alguns, que as palavras bíblicas estão condicionadas por seu tempo e oneradas por erros humanos. Também há os que veem problema naquilo que Deus diz, pois Deus não pode ordenar que se extermine em combate toda uma cidade, sem excetuar homens, mulheres nem crianças. Deus não pode falar assim. Isso contradiz a imagem de Deus a nós transmitida por Jesus Cristo.

Evidentemente, foram pessoas humanas que escreveram os livros bíblicos. Foram pessoas dotadas de alta capacidade literária, mas também pessoas com suas limitações, ofensas sofridas e emoções. Mesmo assim, podemos confiar que através destas palavras – por vezes, demasiadamente humanas – a palavra do próprio Deus nos toca e que, através destas palavras, o Espírito de Deus nos quer transformar, reerguer e curar. Contudo, não é qualquer palavra da Bíblia que poderemos entender como uma expressão absoluta de Deus. Os autores da Bíblia usaram diferentes recursos estilísticos e diversos tipos literários. Há narrativas históricas referentes a fatos da história. E também narrações de cunho mais arquetípico. A par destes textos, também existem os mitológicos, como o relato da criação. Outros textos podem ser lidos como novelas ou fábulas. No Novo Testamento estão contidas histórias de curas de enfermidades, parábolas, narrativas de encontros, palavras de Jesus e a descrição de sua atuação e de sua paixão. Cada tipo de texto possui não somente sua própria forma, mas também sua própria verdade. O mito ligado ao relato da criação é verdadeiro, mas não no sentido da ciência natural. Sua verdade consiste no modo pelo qual ele entende a pessoa humana, a natureza e Deus. E as palavras que Deus profere ordenando a aniquilação de um povo inimigo não podem ser tomadas em sentido literal. Já na própria Bíblia elas foram compreendidas de outra maneira: São palavras referentes à luta interior contra as paixões e contra os inimigos de nossa alma. Sob o prisma psicológico podem ser vistas duas possibilidades: tenho de reconciliar-me com certos inimigos em minha alma, mas também há algo a ser eliminado por ser impossível de ser integrado à personalidade.

Já textos bem antigos da Bíblia; por exemplo, os relativos à história dos primórdios de Israel, haviam sido entendidos de maneira figurada. Os autores bíblicos conheciam o método interpretativo desenvolvido pelos gregos em suas próprias sagas heroicas, como por exemplo a *Ilíada* e a *Odisseia*. Exemplo disso era a chamada *alegorese*, ou seja, "exprimir outra coisa". O texto diz também algo diferente do que está escrito concretamente. Ele tem um significado incluído atrás do enunciado. E os autores bíblicos conhecem a interpretação tipológica: o passado é um tipo, uma pré-imagem de algo que está por vir. Assim foi, por exemplo, o êxodo do Egito, um "tipo" do batismo. Seu significado, neste modo de entender, é que, pela água batismal, todos os inimigos que nos perseguem são aniquilados e que nós saímos da água purificados e libertados. Os Padres da Igreja assim interpretaram numerosas histórias do Antigo Testamento. Assim, por exemplo, a história do herói Sansão, que com sua astúcia abateu numerosos filisteus, é uma imagem de Jesus a expulsar demônios e, por último, a morrer na cruz. Mas, por sua morte, as forças do mal são derrotadas. Assim também Sansão, antes de morrer cegado e amarrado pelos filisteus, derrubou as colunas do palácio e derrotou assim mais filisteus do que durante sua vida. Os Padres da Igreja não tiveram problema em ver nestas escandalosas histórias – para nós inconciliáveis com nossas concepções morais – imagens primitivas do que estava por vir e, em definitiva, pré-imagens do mistério de Jesus Cristo. Também hoje em dia necessitamos esta capacidade de pensar em imagens que os Padres da Igreja possuíam. Desse modo não ficaríamos mesquinhamente exaltados com expressões que, à primeira vista, contrapõem-se a nossas noções de Deus e da pessoa humana.

Neste livro farei a interpretação de algumas poucas passagens bíblicas. A seleção obedeceu a um critério subjetivo e tem um caráter exemplar: trata-se de textos para os quais meus leitores e minhas leitoras me chamaram a atenção. Mas espero que também para você, prezado leitor e estimada leitora, o modo como interpreto esses textos sirva de ajuda para que você mesmo e você mesma abordem os textos bíblicos de modo pessoal e procure entende-los da melhor forma para si. Fica claro, assim mesmo, que, em nossa tentativa de entender esses textos, nunca chegaremos ao fim e ao cabo. Vamos compreendê-los e interpretá-los várias vezes de modo diferente conforme nossa situação pessoal. O ponto decisivo é que, em cada situação, estejamos abertos para a palavra de Deus que vem ao nosso encontro na Bíblia. Minha convicção fundamental é de que as palavras da Bíblia são sempre palavras salutares. Por esta razão, os monges dos tempos primordiais utilizavam as palavras da Bíblia também como terapia. Eles pronunciavam estas palavras para o interior de seus pensamentos e sentimentos, a fim de que, mediante a palavra de Deus, transformassem tudo o que era escuro ou caótico.

Desejo a vocês que possam redescobrir para si a força salvífica das palavras bíblicas. Para tanto, não é necessário que acolham as minhas interpretações. Pois estas não são as únicas possíveis, naturalmente. Elas apenas pretendem ser sugestões para que você lide com os textos da Bíblia de forma pessoal, interpretando-os de maneira a aclarar a sua própria vida, melhorar a sua compreensão de si mesmo ou de si mesma e, assim, aceitar-se, afirmar-se. Desse modo você se sentirá curado ou curada, graças às salutares palavras da Bíblia.

# 1
## A história da tentação no Éden

A serpente era o mais astuto de todos os animais do campo que Javé Deus havia feito. Ela disse para a mulher: "É verdade que Deus disse que vocês não devem comer de nenhuma árvore do jardim?" A mulher respondeu para a serpente: "Nós podemos comer dos frutos das árvores do jardim. Mas do fruto da árvore que está no meio do jardim, Deus disse: 'Vocês não comerão dele, nem o tocarão, do contrário vocês vão morrer'". Então a serpente disse para a mulher: "De modo nenhum vocês morrerão. Mas Deus sabe que, no dia em que vocês comerem o fruto, os olhos de vocês vão se abrir, e vocês se tornarão como deuses, conhecedores do bem e do mal". Então a mulher viu que a árvore tentava o apetite, era uma delícia para os olhos e desejável para adquirir discernimento. Pegou o fruto e o comeu: depois o deu também ao marido que estava com ela, e também ele comeu. Então abriram-se os olhos dos dois; e eles perceberam que estavam nus (Gn 3,1-7).

Quando é que o pecado chegou ao mundo? De onde vem o mal e qual sua relação com Deus? A Bíblia procura dar uma resposta a questões relativas à origem do mal recorrendo à história do pecado original. Nesta narrativa, a serpente aparece no encontro como o poder do mal corporificado. A serpente foi criada por Deus. Apesar disso, astutamente se acerca dos seres humanos a fim de convencê-los a transgredir a proibição decretada por Deus.

Os teólogos têm refletido amplamente sobre esta história. Os que, dentre eles, tinham uma formação filosófica acharam estranho que o próprio Deus tenha criado na serpente a tentadora que incitava para o mal. De onde vem, então, o mal? Se raciocinarmos até as últimas consequências, concluiremos que o próprio Deus foi quem criou o adversário e tentador. No entanto, esta história não é nenhuma explicação filosófica. É um mito, uma narração, com a qual se exprime uma determinada concepção do ser humano e do mundo.

Eugen Drewermann interpretou-a sob o aspecto psicológico. Para ele, a tentação primordial do ser humano consiste em querer ser como Deus. O homem percebeu no Paraíso que não era Deus, mas sim criatura de Deus. Para Drewermann, a causa propriamente dita é o medo, a angústia que o ser humano experimenta ao reconhecer a própria vulnerabilidade e constatar que não possui o completo domínio de si mesmo, como Deus o tem. O medo é aquele poder "que nos leva a 'pecar', ou seja, a afastar-nos de nosso verdadeiro plano de vida, a alienar-nos cada vez mais de nós mesmos e a existir de maneira totalmente perversa e doentia" (DREWERMANN, p. 150). O medo desvia nosso olhar do fundamento que sustenta nossa existência. "De onde resulta necessariamente o desesperado empenho, *a priori* condenado ao fracasso, em querer ser como Deus e em rechaçar para longe de si tudo o que for humano com suas limitações, pequenez e imperfeições" (p. 151).

Outros psicólogos – como C.G. Jung, principalmente – concebem o pecado original como tomada de consciência do ser humano. Para Jung, trata-se, nesta narrativa, de um passo psicologicamente necessário rumo à consciência, à individuação. Com o pecado original, o ser humano despertou de seu estado paradisíaco. Para Drewermann, esta não é uma interpretação adequada da narrativa bíblica sobre o pecado original, mas apenas um modo interessante de comentar as imagens bíblicas de forma a torná-las compatíveis com o processo humano de vir a ser do próprio eu (*"Selbstwerdung"*). Mas além disso, Drewermann descortina em Jung alguns pontos dignos de nota. Ele cita uma frase de Jung, concordando com a mesma, na qual este considera o querer-ser-como-Deus como consequência necessária da negação de Deus: "Quando [...] alguém chega à estranha ideia de que Deus está morto ou de que simplesmente não existe, a imagem psíquica de Deus enquanto reflexo de determinada estrutura dinâmica e psíquica retorna ao sujeito e produz assim uma 'semelhança com Deus', ou seja, o conjunto de propriedades que [...] levam à catástrofe" (apud DREWERMANN, p. 151). A imagem de Deus no ser humano é tão forte que é impossível recalcá-la. Negar Deus significa colocar-se no lugar de Deus. E é aqui que Drewermann situa a tentação propriamente dita, da qual nos fala a narrativa bíblica do pecado original. Desta equiparação com Deus deriva todo o mal que o Gênesis descreve nos onze primeiros capítulos: Caim mata seu irmão Abel, as pessoas não observam os mandamentos. O mal incrementa-se cada vez mais, e Deus aniquila todas as pessoas más com o dilúvio.

Jung e seus discípulos referem-se, antes de mais nada, ao que diz a serpente: "Mas Deus sabe que, no dia em que vocês comerem o fruto, os olhos de vocês vão se abrir, e vocês se tornarão como deuses, conhecedores do bem e do mal" (Gn 3,5). Antes do pecado original, a pessoa não sabia distinguir entre o bem o mal. A capacidade de distinção entre o bem o mal torna a pessoa semelhante a Deus. E é o que Deus – conforme a narrativa bíblica – deseja impedir. Ele disse a Adão: "Se comeres deste fruto, morrerás" (Gn 2,17). A serpente contradiz a Deus: "De modo nenhum vocês morrerão" (Gn 3,4). Até esta declaração, Adão e Eva nem haviam percebido a árvore do conhecimento do bem e do mal. De repente Eva reconhece como seria bom comer desta árvore. Sente o estímulo de transgredir o mandamento de Deus. Por três razões Eva deixa-se levar pela tentação da serpente: Ela viu "que a árvore tentava o apetite, era uma delícia para os olhos e desejável para adquirir discernimento" (Gn 3,6).

Quanto à primeira justificativa: O mal é atraente. E sedutor. As maçãs proibidas são particularmente gostosas. Este é o estímulo para transgredir o preceito, sentir-se livre de qualquer restrição por parte de mandamentos.

A segunda justificativa é de que a árvore é bela. Trata-se da estética do mal. O belo é certamente, segundo a Bíblia, uma pegada que o próprio Deus deixou na criação. "E Deus viu tudo o que havia feito, e tudo era muito bom" (Gn 1,31). Mas também há a beleza do mal, que ofusca a pessoa e a torna cega para a verdadeira beleza de Deus.

E a terceira justificativa: O ser humano torna-se inteligente quando transgride o mandamento. O mal seduz as pessoas mostrando-lhes a perspectiva de tornar-se mais inteligente e conhecer algo que a pessoa fiel às leis desconhece. As pessoas abrirão os olhos e reconhecerão por si próprias o que é bom e o que é mau. Na verdade, porém, esta pretensa inteligência torna-se uma inteligência pelo lado avesso. Adão e Eva não conhecem Deus nem o bem e nem o mal. Eles só se percebem nus. E têm vergonha recíproca, perdendo sua inocência. Perdem a capacidade de se aceitarem a si e as outras pessoas tais como são.

# 2
## O fratricídio: Caim e Abel

Abel tornou-se pastor de ovelhas e Caim cultivava o solo. Depois de algum tempo, Caim apresentou produtos do solo como oferta a Javé. Abel, por sua vez, ofereceu os primogênitos e a gordura do seu rebanho. Javé gostou de Abel e de sua oferta, e não gostou de Caim e da oferta dele. Caim ficou então muito enfurecido e andava de cabeça baixa. E Javé disse a Caim: "Por que você está enfurecido e anda de cabeça baixa? Se você agisse bem, andaria com a cabeça erguida; mas, se você não age bem, o pecado está junto à porta, como fera acuada, espreitando você. Por acaso, será que você pode dominá-la?" Entretanto, Caim disse a seu irmão Abel: "Vamos sair". E quando estavam no campo, Caim se lançou contra o seu irmão Abel e o matou (Gn 4,2-8).

O primeiro conflito entre dois homens descrito pela Bíblia é o conflito entre os dois irmãos Caim e Abel. O conflito tem um desfecho mortal, com o fratricídio. Caim é lavrador e Abel, pastor de ovelhas. Ambos oferecem ao Senhor seus produtos: frutos da terra e do rebanho de ovinos. A Bíblia narra de maneira muito humana que Deus considera Abel e sua oferenda, mas não Caim nem seu sacrifício. Logo pensamos que isto constitui uma arbitrariedade de Deus. Mas também poderia significar que Caim comparou sua oferenda com a de seu irmão e a considerou menos valiosa do que a de Abel. De um modo ou outro, a causa deste conflito é a inveja. Caim tem inveja do seu irmão, que evidentemente teve mais sorte. Deus admoesta Caim a olhar para Ele, ao invés de ficar absorto em seu olhar raivoso. Pois atrás desta raiva se oculta o demônio do pecado. Caim, porém, não levanta seus olhos para Deus. Ele só enxerga sua própria situação de desprivilegiado, sua própria inferioridade. E tomado pelo ódio, abate seu irmão. Assim, fica malograda uma solução para o conflito. O conflito acaba de modo violento às custas do mais fraco. A vitória converte-se numa derrota. O próprio Caim diz sobre si mesmo que a culpa é demasiado grande para ele: "[Estarei] andando errante e perdido pelo mundo; o primeiro que me encontrar, me matará" (Gn 4,14). Neste malogro já se acha o castigo para Caim. Ele nunca mais será feliz em sua vida. Sentimentos de culpa o atormentarão durante toda a sua vida. Deus, porém, atenua as sequelas naturais desta malograda solução para o conflito. Ele marca sua testa para que ninguém o abata. E Caim vai instalar-se num país distante, bem longe de Deus. Ele fica sozinho com sua culpa. Mas assim mesmo, continuará vivendo.

Nesta narração, divisamos duas premissas que levaram ao insucesso o intento de controlar o conflito: inveja e violência. Caim e Abel refletem a típica inveja entre irmãos, que também presenciamos repetidamente hoje em dia. Muitas vezes os irmãos caem num conflito irreconciliável principalmente quando se trata de herança. Neste caso, o que está em jogo, no fundo, não é o dinheiro, mas sim quem era o predileto do pai ou da mãe. Conflitos desta ordem podem travar-se frequentemente de maneira exasperada. As partes nem mais falam umas com as outras. Muitas vezes a própria família fica dividida. Por vezes o litígio acaba de modo violento, embora nem sempre com violência física, mas sim, psíquica. A correspondência entre irmão e irmã, por exemplo, só se efetua então por intermédio de advogados. E o que se busca por meio de advogados é subjugar a outra parte. Às vezes isto pode acarretar a ruína do outro, acabrunhado por exigências financeiras acima de sua capacidade.

No entanto, entre irmãos não há vencedores, apenas existem perdedores. Uma vez dividida a família, todos saem sofrendo. Porque cortaram as raízes que tinham em comum. Cada parte passa então a viver somente pela metade. A dor ligada a este sofrimento volta à tona repetidas vezes, sobretudo quando se vê que outras famílias permanecem unidas e os irmãos se apoiam mutuamente após a morte dos pais, oferecendo acolhida um para o outro. Ao chegar a velhice, os familiares divididos têm a impressão: "Não tenho ninguém que cuide de mim. Não posso confiar nem me apoiar em ninguém". É então que o conflito resolvido pela violência – ou seja, pelo rompimento das relações mútuas – volta à tona dolorosamente e arrebata a alegria de viver.

A dinâmica que transparece lucidamente da narração bíblica verifica-se frequentemente também em nossa vida cotidiana: A inveja é frequentemente o motivo para conflitos no mundo do trabalho. Ao invejar meu parceiro no conflito, não poderei mais falar com ele de modo objetivo. Todos os problemas serão encarados através das lentes de minha inveja. A inveja me tapa os ouvidos. Já não estarei realmente à escuta do outro. Só sentirei minha própria inveja. E a inveja me corrói, torna-me cego para soluções autênticas. Mais da metade dos conflitos em empresas ocorre por motivos de inveja. Os trabalhadores da área de produção têm inveja dos da pesquisa com seu emprego cômodo e dos de *marketing* que não precisam sujar-se as mãos. Quando os funcionários do *marketing* pedem algo aos da produção, logo são rechaçados. Alega-se que o pedido não é factível. Na verdade, porém, o que há por detrás é a inveja que desbarata qualquer atitude de disponibilidade para cooperar com os grupos invejados e buscar uma solução em conjunto. Não se busca solução alguma, o que se prefere é continuar na inveja contra os outros. O ponto central da narrativa entre Caim e Abel não está na atitude de Deus preferindo uma pessoa ou sua oferenda, mas sim no fato de que tal atitude nos chama a atenção para a força destruidora que há em nossa inveja.

# 3
## O dilúvio e a arca de Noé

Javé viu que a maldade do homem crescia na terra e que todo projeto do coração humano era sempre mau. Então Javé se arrependeu de ter feito o homem sobre a terra, e seu coração ficou magoado. E Javé disse: "Vou exterminar da face da terra os homens que criei, e junto também os animais, os répteis e as aves do céu, porque me arrependo de os ter feito" (Gn 6,5-7).

Ao ver que os homens se iam tornando cada vez piores, Deus se arrependeu totalmente de ter criado o homem. E decidiu exterminar da face da terra os homens e todos os animais (Gn 6,5-7). "Noé, porém, encontrou graça aos olhos de Javé". Por isso Deus ordenou a Noé que construísse uma arca, colocasse dentro todo o seu parentesco e de cada espécie de animais um casal. Em seguida, Deus fez as águas subirem cada vez mais. Morreram todos os homens e animais, isto é, "tudo o que tinha sopro de vida nas narinas" (Gn 7,22). Apenas a arca de Noé se salvou. Mas no momento em que Noé desceu da arca e ofereceu um sacrifício ao Senhor, Deus decide nunca mais amaldiçoar a terra por causa dos homens. E com Noé ele contrai uma aliança para nunca mais voltar a exterminar os homens. Como sinal da aliança colocou nas nuvens o arco-íris. Este deverá lembrar aos homens de que Deus é misericordioso e não os exterminará.

Se tomarmos esta narração ao pé da letra, ficaremos zangados com esta imagem de um Deus tão cruel. Deus aparece aqui como um Deus zangado. Ele se aborrece com os homens que ficaram tão diferentes do modo como Ele os criara. "Os projetos do homem são maus desde a sua juventude" (Gn 8,21). Mas isto é, mais uma vez, apenas uma infantil projeção, para Deus, de nossa imaginação decadente. Nós atribuímos a Deus a culpa pelas fantasias que todos sabemos ter dentro de nós: a fantasia de que nada mais avança, a de que a maldade do homem leva à catástrofe... O fato de que estas histórias de dilúvio também existem em outros povos e outras religiões bem demonstra que estas fantasias estão amplamente difundidas. É evidente que uma história assim é um reflexo da psique humana. Mas não devemos extrair daí uma imagem negativa de Deus. A narrativa mostra, pelo contrário, que os homens têm em si a tendência para a autodestruição.

Interpretando esta história no contexto de nossa época, vemos que ela nos recorda os cenários de decadência já descritos por numerosos cientistas. O ser humano sabe que deve proteger a terra e cuidar dela. Mas ele não respeita as leis da natureza. Com a emissão dos gases-estufa ele incrementa o aquecimento climático que poderá acarretar cenários de destruição semelhantes aos do dilúvio. Com o aquecimento do clima os mares se vão inchando até inundarem grandes superfícies de terra firme. A narração deve servir-nos, portanto, de advertência para que assumamos a responsabilidade por nossa terra e para que não demos rédeas soltas à maldade.

Ao mesmo tempo, porém, esta história é uma história de esperança. Deus sela uma aliança com Noé e promete nunca mais exterminar os homens da face da terra. A narração tampouco pretende levar-nos a um otimismo cego, fazer-nos crer que nenhuma das catástrofes previstas pelos pesquisadores do clima venha a ocorrer. Pelo contrário, o que ela tenciona é corroborar-nos em nossa responsabilidade pela terra e também simultaneamente em nossa confiança de que Deus continuamente nos recordará o dever de tratar a terra com respeito.

# 4
## A construção da Torre de Babel

O mundo inteiro falava a mesma língua, com as mesmas palavras. Ao emigrar do Oriente, os homens encontraram uma planície no país de Senaar e aí se estabeleceram. E disseram uns aos outros: "Vamos fazer tijolos e cozê-los no fogo!" Utilizaram tijolos em vez de pedras, e piche no lugar de argamassa. Disseram: "Vamos construir uma cidade e uma torre que chegue até o céu, para ficarmos famosos e não nos dispersarmos pela superfície da terra". Então Javé desceu para ver a cidade e a torre que os homens estavam construindo. E Javé disse: "Eles são um povo só e falam uma só língua. Isso é apenas o começo de seus empreendimentos. Agora, nenhum projeto será irrealizável para eles. Vamos descer e confundir a língua deles, para que um não entenda a língua do outro". Javé os espalhou daí por toda a superfície da terra, e eles pararam de construir a cidade. Por isso, a cidade recebeu o nome de Babel, pois foi aí que Javé confundiu a língua de todos os habitantes da terra, e foi daí que Ele os espalhou por toda a superfície da terra (Gn 11,1-9).

A construção da Torre de Babel tem sido frequentemente um motivo para apresentações artísticas. Este fato deve-se certamente ao caráter de arquétipo em que nela se patenteia nossa situação humana. A narrativa da construção desta torre nos mostra, à primeira vista, um Deus mesquinho, tornando-se ameaça para as pessoas. Deus parece recear que os seres humanos, ao formarem um só povo, desenvolvam energia e fantasia tais que os tornariam semelhantes a Deus. Pois queriam construir uma torre que chegasse até o céu. Trata-se de uma metáfora que designa o empenho humano em fazer o mesmo que Deus faz. Este Deus então ficaria com medo dos homens e assim Ele decidiu confundir a língua deles. Mas não devemos interpretar este mito reduzindo-o a uma imagem mesquinha de Deus. Esta narrativa é antes uma reflexão sobre o ser humano. E sua mensagem propriamente dita consiste na afirmação de que, se todos os homens falassem a mesma língua, eles teriam uma grande força.

Já na Grécia havia um mito semelhante. Zeus teria criado o homem primordialmente como um homem-esfera, uma unidade em si mesmo, simultaneamente homem e mulher. Aí também Zeus ficou com receio de que o homem se tornasse como Deus. E então Ele dividiu o homem-esfera em duas metades: homem e mulher. Os gregos acreditavam evidentemente que, ao ser simultaneamente homem e mulher, o ser humano seria como Deus. E isso corresponde à narrativa bíblica sobre a criação do mundo: "E Deus criou o homem à sua imagem; à imagem de Deus Ele o criou; e os criou homem e mulher" (Gn 1,27). Homem e mulher constituem um conjunto. Juntos, são uma imagem de Deus. Para a Bíblia, isto é um sinal da dignidade humana. E a Bíblia não tem medo da união de homem e mulher. Muito pelo contrário, segundo a narrativa bíblica, Deus cria a mulher com a costela do homem. Ao ver Eva, Adão exclama: "'Esta sim é osso dos meus ossos e carne da minha carne! Ela será chamada mulher, porque foi tirada do homem!' Por isso, um homem deixa seu pai e sua mãe, e se une à sua mulher, e eles dois se tornam *uma só* carne" (Gn 2,23s.). Na Bíblia, Deus não tem medo de que homem e mulher se unam, mas sim de que o povo tenha uma só língua. O que significa, inversamente: a verdadeira dignidade humana consiste em unir-se no amor e unir-se na língua.

Neste mito da Torre de Babel e da confusão das línguas, também fica visível a chance de falar uma só língua. Trata-se de um mito que ainda hoje nos diz respeito. Muitos falam inglês no mundo inteiro. Apesar disso, estamos muito longe de uma comunicação bem-sucedida em nível global. Até num só e mesmo país as pessoas falam diversas línguas, mesmo que todas falem o alemão ou o inglês como língua oficial. Mas falam passando longe uns dos outros em pensamento. Colocam no centro seus próprios interesses, suas intenções particulares, seus pontos de vista individuais. Este passar ao longo um do outro é o que causa e consequentemente também exacerba a confusão do intercâmbio verbal. E quando as pessoas confundem as coisas, elas param de trabalhar na construção de uma cidade comum. Então se dispersam por todo o mundo. Cada qual vive por si. E assim falamos frequentemente: nada mais dá certo.

Não devemos erroneamente entender esse mito como se fosse uma assertiva sobre Deus. Se assim fosse, Ele nos estaria transmitindo uma imagem realmente antipática de si mesmo. O mito exprime, na verdade, algo sobre o mistério da pessoa humana. Ele toma Deus como uma imagem voltada a exprimir a chance e o risco da pessoa humana: ela tem em si a chance de realizar grandes coisas. Deus deu ao ser humano de presente a linguagem. Ao falarem a mesma língua comum e se, ao falarem, escutarem uns aos outros, então sim poderiam construir uma grande cidade comum. Aí sua vida seria diversa da realidade encontrada, em que um trabalha contra o outro. O mito descreve, portanto, em última análise, o mistério da língua. Em alemão, o verbo *"sprechen"* ("falar") deriva etimologicamente da palavra *"bersten"* ou *"knistern"* ("explodir" ou, respectivamente, "estalar/crepitar"). Significa que o falar vem do coração, que ao falar comunico meus sentimentos íntimos. Ao falarmos uns com os outros, e assim chegarmos a uma autêntica conversa, então sim as pessoas encontram novas possibilidades de plasmar sua vida e construir uma estrutura comunitária. A comunidade tem grande força em si mesma. Ela realiza mais do que a soma de seus elementos. A comunidade que fala uma língua comum constrói uma torre até o céu. Ela não somente cria novas possibilidades sobre a face da terra. Ela também expressa o inaudível e o incompreensível. Toca o céu. O céu abre-se mediante o falar de uma tal comunidade.

# 5
## A destruição de Sodoma e Gomorra

O sol estava nascendo quando Ló chegou a Segor. Então Javé fez chover do céu enxofre e fogo sobre Sodoma e Gomorra; destruiu essas cidades e toda a planície, com os habitantes das cidades e a vegetação do solo. A mulher de Ló olhou para trás e se transformou numa estátua de sal (Gn 19,23-26).

Além da narração sobre o dilúvio, a Bíblia também encerra uma outra história de destruição: a das cidades de Sodoma e Gomorra. É evidente que a Bíblia reconheceu não ser suficiente uma pregação moral para que as pessoas melhorem. Às vezes faz-se necessário narrar histórias que nos fazem ver as consequências de um mal agir, para que assim passemos realmente por uma conversão interior. Ambas as cidades tornaram-se proverbiais. Em nossas expressões, para designar o que se passa nessa cidade, comunidade ou país, dizemos: "Tudo lá é como em Sodoma e Gomorra". A Bíblia fala da lamentação sobre estas cidades por causa do mau comportamento dos seus moradores. Deus decide aniquilar as duas cidades. Mas ante o pedido de Abraão, Deus deseja salvar Ló, sobrinho de Abraão, junto com sua família, e envia dois anjos a Ló. Ló recebe-os hospitaleiramente em sua casa. Nisto, os homens de Sodoma, reunidos, pedem a Ló que lhes entregue ambos os homens hospedados. Desejavam praticar atos sexuais com eles. Para Ló, este ato seria uma grave infração da hospitalidade. Por isso, tranca a porta de sua casa. Os homens de Sodoma ameaçam abrir a porta à força. Os dois anjos, então, feriram os homens de Sodoma com cegueira de modo a impedir que eles encontrassem a entrada para a casa (Gn 19,10s.).

Em seguida, os anjos revelam-se a Ló como enviados por Deus para exterminar a cidade, dada a gravidade das denúncias contra os homens de lá. Eles insistiram para que Ló, seus filhos, suas filhas e genros, os acompanhassem e fugissem da cidade. Porém, por não acreditarem que Ló estivesse falando sério, os genros ficaram na cidade. Os dois anjos tomam pela mão Ló, sua mulher e ambas as filhas e conduzem todos para fora da cidade, a fim de refugiarem-se na montanha. Ló, porém, achava que lá ele iria morrer. E pediu licença aos anjos para dirigir-se à pequena cidade de Zoá. Os anjos permitem, mas dizem à família para não olhar para trás quando enxofre e fogo se abatessem sobre ambas as cidades. A esposa de Ló olha para trás e fica petrificada como uma coluna de sal.

Tudo o que esta história de Deus e dos anjos revela não passa de um revestimento humano. Mas o seu conteúdo, seu núcleo, continua atual ainda hoje para nós. Quando vivemos na inobservância dos mandamentos, quando desprezamos a hospitalidade, quando abusamos das pessoas em nosso benefício e para nossos objetivos, praticamos atos sem futuro: uma cidade, uma comunidade que assim age implodirá em si mesma. Às vezes necessitamos de histórias assombrosas como esta para abrir-nos os olhos. Esta história nos admoesta: Devemos refletir sobre como viver juntos de modo a fazer com que nossa vida corresponda aos mandamentos de Deus, à nossa essência íntima e à comunidade. Histórias e exemplos são mais eficazes do que apelos morais.

# 6
## O sacrifício de Isaac por seu pai Abraão

Depois desses acontecimentos, Deus pôs Abraão à prova, e lhe disse: "Abraão, Abraão!" Ele respondeu: "Estou aqui". Deus disse: "Tome seu filho, o seu único filho Isaac, a quem você ama, vá à terra de Moriá e ofereça-o aí em holocausto, sobre uma montanha que eu vou lhe mostrar". Abraão se levantou cedo, preparou o jumento, e levou consigo dois servos e seu filho Isaac. Rachou a lenha do holocausto, e foi para o lugar que Deus lhe havia indicado. No terceiro dia, Abraão levantou os olhos e viu de longe o lugar. Então disse aos servos: "Fiquem aqui com o jumento; eu e o menino vamos até lá, adoraremos a Deus e depois voltaremos até vocês". Abraão pegou a lenha do holocausto e a colocou nas costas do seu filho Isaac, tendo ele próprio tomado nas mãos o fogo e a faca. E foram os dois juntos. Isaac falou a seu pai: "Pai". Abraão respondeu: "Sim, meu filho!" Isaac continuou: "Aqui estão o fogo e a lenha. Mas onde está o cordeiro para o holocausto?" Abraão respondeu: "Deus providenciará o cordeiro para o holocausto, meu filho!" E continuaram caminhando juntos. Quando chegaram ao lugar que Deus lhe indicara, Abraão construiu o altar, colocou a lenha, depois amarrou seu filho e o colocou sobre o altar, em cima da lenha. Abraão estendeu a mão e pegou a faca para imolar seu filho. Neste momento, o anjo de Javé o chamou lá do céu e disse: "Abraão, Abraão!" Ele respondeu: "Aqui estou!" O anjo continuou: "Não estenda a mão contra o menino! Não lhe faça nenhum mal! Agora sei que você teme a Deus, pois não me recusou seu filho único!" Abraão ergueu os olhos e viu um cordeiro, preso pelos chifres num arbusto; pegou o cordeiro e o ofereceu em holocausto no lugar do seu filho (Gn 22,1-13).

A história do holocausto praticado por Abraão, particularmente o fato de Deus tê-lo ordenado, é objeto de incompreensão por parte de muitas pessoas. Os exegetas destacam, porém, o fato de que o Deus de Abraão rejeita o holocausto de crianças, em curso nos meios religiosos de Israel naqueles tempos. Outros exegetas sublinham que se tratava de uma "provação". Abraão devia mostrar ser absolutamente obediente a Deus. Mas se isto é assim, coloca-se com mais forte razão a pergunta: Como pode Deus colocar o homem diante de tão perigoso teste?

Desejo interpretar esta passagem do modo a ser exposto abaixo – e acredito que esta interpretação corresponde à genuína intenção bíblica de rejeitar o holocausto de crianças: Não é Deus quem exige de Abraão o sacrifício de seu filho único, mas sim foi a imagem que Abraão tinha de Deus que o levou a dispor-se ao sacrifício de seu filho no altar do seu próprio perfeccionismo pessoal e de suas próprias ideias religiosas. Expresso de outra forma: Abraão oferece seu filho em holocausto a um ídolo. Estes ídolos podem ter diversas denominações: poderá ser a carreira, o dinheiro, o próprio ego. O mais importante então será para o pai o dinheiro ou o seu próprio poder e não, o seu filho. Num ambiente assim, o filho não tem como viver.

No entanto, a história que aqui nos é relatada tem um desfecho feliz. Deus envia seu anjo e este impede que Abraão sacrifique seu filho. O anjo abre os olhos de Abraão e este então enxerga o cordeiro. O cordeiro, aqui, está no lugar da força que cada pessoa possui. Às vezes, é preciso que o pai sacrifique parte de sua própria força para que o filho possa viver.

Ao interpretarmos assim esta história, veremos que ela é extremamente atual. Há muitos progenitores que oferecem a Deus seus filhos e filhas sobre o altar que é a sua própria imagem de um Deus rigoroso. Cruel não é Deus a ponto de exigir o holocausto do próprio filho, mas sim somos nós que, com nossa imagem de Deus, frequentemente não deixamos viver nosso filho ou filha. É o que pode resultar da imagem de um Deus rigorista, punitivo ou controlador. Abusar de Deus como extensão de nosso braço educacional impede que a criança possa viver e faz com que ela fique continuamente atormentada pelo medo de que Deus veja todos os defeitos que escapam aos olhos dos pais. No papel de extensão do braço educacional dos pais, Deus envenena a vida da criança com sentimentos de culpa e angústia.

Há também progenitores que sacrificam filhas e filhos a outros tipos de ídolos. Usam filhos e filhas apenas para vangloriar-se diante das outras pessoas, mas sem se lhes dedicar. Contudo, também aos pais que têm esta imagem de Deus Ele envia seu anjo para abrir-lhes os olhos. O anjo abre à criança um espaço de proteção em que a criança se poderá desenvolver – não obstante todas as tendências de negação da vida seguidas pelos pais. É lícito interpretar esta história à luz da situação de nossa própria vida. De repente, a narrativa fica interessante. Não desejo prender esta história à minha interpretação. Uma história fica sempre aberta a diversas versões. Mas nossa tarefa consiste em considerar a história de modo que ela assuma um significado para nós.

# 7
## A luta de Jacó com Deus

Nessa noite, Jacó se levantou, pegou suas duas mulheres, suas duas servas, seus onze filhos e atravessou o vau do Jaboc. Jacó os pegou e os fez atravessar a torrente, com tudo o que possuía. E Jacó ficou sozinho. Um homem lutou com Jacó até o despertar da aurora. Vendo que não conseguia dominá-lo, o homem tocou a coxa dele, de modo que o tendão da coxa de Jacó se deslocou enquanto lutava com ele. Então o homem disse: "Solte-me, pois a aurora está chegando". Jacó respondeu: "Não o soltarei, enquanto você não me abençoar". O homem lhe perguntou: "Qual é o seu nome?" Ele respondeu: "Jacó". O homem continuou: "Você já não se chamará Jacó, mas Israel, porque você lutou com Deus e com homens, e você venceu". Jacó lhe perguntou: "Diga-me o seu nome". Mas ele respondeu: "Por que você quer saber o meu nome?" E aí mesmo o abençoou. Jacó deu a este lugar o nome de Fanuel [= *Face de Deus*], dizendo: "Eu vi Deus face a face e continuei vivo". Mas ele ficou mancando por causa da coxa (Gn 32,23-33).

Esta é uma história obscura, em que a Bíblia nos relata a luta de Jacó com Deus. Como pode Deus lutar com uma pessoa humana? Que Deus é esse a travar um combate de vida ou morte com Jacó? A história deixa a questão em aberto. Poderá tratar-se de um homem desconhecido, um anjo ou do próprio Deus a lutar com Jacó. Mas há um detalhe nesta história de Jacó. Sua luta nos revela a transformação interior de Jacó. Jacó era um embusteiro que havia enganado seu irmão Esaú e usurpado seu direito de primogenitura e sua bênção paterna. Foi levando a vida com esperteza. Agora, porém, lhe foi dito que seu irmão Esaú vem vindo a seu encontro. Nisto, ele fica com medo. Esaú, o irmão cabeludo e escuro, é como se fosse sua sombra. Jacó vivia somente à luz de seu intelecto e reprimia seu lado sombrio ou projetava-o sobre seu irmão. Agora ele tem de enfrentar sua própria verdade. É o que deixa claro a história da luta com Deus. O embate com Deus representa aqui o encontro com a verdade do próprio eu. Perante Deus não há como esconder-me atrás de minha fachada intelectual. Aí tenho de entregar-me. Este encontro com a própria verdade pessoal, com o próprio lado sombrio pode ser muito doloroso. Para a Bíblia, o encontro com a própria sombra é simultaneamente o encontro com Deus. O próprio Deus briga comigo, a fim de mostrar-me minha própria verdade. Por mais difícil que seja, esse encontro é ao mesmo tempo uma bênção para mim.

Depois que os dois homens haviam lutado a noite inteira sem que um dos dois houvesse vencido, o homem desconhecido fere Jacó na articulação da coxa, dizendo-lhe: "Solte-me, pois a aurora está chegando!" Ao que Jacó retruca: "Não o soltarei, enquanto você não me abençoar" (Gn 32,27). Esta é uma frase muito apreciada e muitas vezes escolhida como lema por candidatos à Santa Crisma. Mas também é uma frase muito peculiar: Como pode Jacó pedir a bênção de alguém que lhe quer tolher a vida?

Para mim, torna-se visível nesta cena uma experiência profunda. Ao lutarmos com nossa própria verdade e confrontando-nos com nosso lado sombrio devido a circunstâncias externas constrangedoras, vivemos um momento que também é uma bênção. Nesta cena, acompanhamos um homem que cometeu erros e cujos erros vieram à luz do público. Com esta revelação ruiu por terra todo o seu belo mundo imaginário. No entanto, no meio desta noite dolorosa, ele também percebeu ter-se saído abençoado. Notou que futuramente não precisava mais esconder-se atrás da fachada. Sua verdade havia sido revelada e desde então sua vida passou a ser qualitativamente diferente.

Em três imagens esta nova qualidade de vida nos é apresentada na história da luta de Jacó: "Ao nascer do sol, Jacó atravessou Fanuel e mancava por causa da coxa" (Gn 32,32). O encontro com a própria verdade e com o próprio lado sombrio é como um sol que nos ilumina e coloca nosso caminho sob o brilho de suave luz. Nosso interior fica mais claro. E assim atravessamos o desfiladeiro. E chegamos à outra margem. Uma nova etapa começa em nossa vida. Mas continuamos mancando. Ficamos marcados pelo encontro com a nossa sombra. Andamos mais devagar e com mais cuidado em nosso caminho. Simultaneamente estamos abençoados e nos tornamos, como Jacó, uma bênção para as outras pessoas.

# 8
## O êxodo do Egito

Nessa ocasião [uma vez submersos no Mar Vermelho os carros de combate egípcios] Moisés e os filhos de Israel entoaram este canto a Javé: "Vou cantar a Javé, pois sua vitória é sublime: Ele atirou no mar carros e cavalos. Javé é minha força e meu canto, Ele foi a minha salvação. Ele é o meu Deus: eu o louvarei; é o Deus de meu pai: eu o exaltarei. Javé é guerreiro, seu nome é Javé. Ele atirou no mar os carros e a tropa do Faraó, afogou no Mar Vermelho a elite das tropas (Ex 15,1-4).

Neste relato bíblico, Deus parece ser o Deus da guerra a conduzir Israel à vitória, afundando os egípcios nas ondas do mar. É o que Israel terá percebido naquele tempo. Mais tarde, porém, ao entoarem este canto em cada festa pascalina, já não pensavam em categorias militares. Pelo contrário, passaram a entender o êxodo do Egito e a travessia do Mar Vermelho como um admirável agir de Deus junto ao seu povo. Aquele povo pequeno e desarmado havia escapado da força armada dos egípcios. Desde então o povo comemora o êxodo do Egito numa liturgia domiciliar. Cada vez mais o êxodo e a sua lembrança deixaram de constituir apenas uma história política para tornar-se uma imagem da própria vida do povo, mas também da vida de cada um e cada uma.

Para Orígenes, teólogo e escritor da Igreja do século III, o êxodo do Egito passou a representar o êxodo do pecado rumo à virtude. A alma está a caminho de Deus. Para tanto, é necessário primeiro deixar todas as antigas formas de dependência. No Egito, o povo de Israel tinha o suficiente para comer. Mas os nobres cada vez mais pressionavam Israel para o trabalho. No estrangeiro, Israel perdera sua dignidade. Ao sair do Egito, os israelitas recuperam sua dignidade ao rumarem para a liberdade numa terra que eles mesmos cultivam e da qual colhem os frutos. A travessia do Mar Vermelho é o milagre que lhes restitui a dignidade. Ao compreendermos desta forma a travessia do Mar Vermelho, ou seja, como imagem existencial de nosso próprio caminho de autorrealização humana (*Menschwerdung*), então, sim, percebemos que ela representa o milagre em que nós superamos nosso receio ante tudo o que é novo, e, repletos de confiança, vencemos obstáculos que presumíamos simplesmente intransponíveis no caminho para a novidade que Deus nos reserva. Os egípcios, por sua vez, são a figura do inimigo interior, do impulso que nos incita desde o fundo da alma a um desempenho extremo e a aspirações cada vez mais altas. Os cavalos e carros de combate representam a superioridade dos egípcios, dos inimigos externos. Tais são as expressões figuradas, metafóricas para nossos inimigos internos, obstáculos antepostos por circunstâncias e padrões de vida. Portanto, podemos entender esta história da seguinte maneira: Confiando em Deus, os estilos de vida que nos estreitam o espírito perdem sua superioridade. Eles já não conseguem nos escravizar. E, apesar do constrangimento externo, conseguimos impor-nos e trilhar o caminho rumo à liberdade.

Ao lermos o êxodo do Egito como objeto de nossa meditação de hoje, já não podemos conceber a ação de Deus como cruel e assassina para com os egípcios, mas sim como agir de Deus em prol de nossa libertação. É o que também vale para a matança dos primogênitos: "Assim diz Javé: à meia-noite, eu passarei pelo meio do Egito, e todos os primogênitos do Egito morrerão, desde o primogênito do faraó, herdeiro do seu trono, até o primogênito da escrava que trabalha no moinho, e todos os primogênitos do gado" (Ex 11,4s.). Aqui cabe a pergunta: "Como é que Deus desobedece a seus próprios mandamentos? Ele mesmo proibiu matar uma pessoa". Ora, com esta questão ficamos presos na concepção de um acontecimento histórico, sem reconhecermos o significado supra-histórico, simbólico, de uma ação que nos toca diretamente. Não devemos imaginar Deus como uma pessoa vingativa que rouba dos egípcios seus primogênitos. A morte dos primogênitos é antes a última das dez pragas que Deus mandou aos egípcios através do faraó. Estas pragas simbolizam apenas o que acontece quando nos opomos à vontade divina. Pois então não é apenas a natureza que se rebela contra nós, mas sim o que perece é o que temos de mais próprio, íntimo e valioso: nossos primogênitos. O assassino cruel das crianças não é Deus. A morte das crianças é um símbolo da esterilidade que nos atinge quando endurecemos nossa atitude perante Deus.

# 9
## O sacrifício da filha de Jefté

O relato sobre a imolação da filha de Jefté é de difícil compreensão e mesmo quase insuportável para nós hoje em dia. Mas aqui também devemos procurar, mais uma vez, enxergar precisamente o que esta trágica história tem para nos transmitir. Jefté é o filho de Galaad com uma prostituta. Galaad também teve outros filhos com sua esposa. E estes expulsaram Jefté, que então foi para o exterior, no país de Tob. Aqui ele reuniu em torno de si desocupados que nada tinham a perder e com eles fazia assaltos e roubos. Era uma espécie de capitão de ladrões. Israel, ao cair em dificuldade, enviou emissários a Jefté pedindo-lhe que assumisse o comando dos israelitas na luta contra os amonitas. Jefté aceita sob a condição de que, após a vitória, ele fosse reconhecido como chefe de Israel. Os israelitas concordam.

Antes de partir para o combate contra os amonitas, Jefté promete a Deus: "Se entregares os amonitas ao meu poder, então, quando eu voltar vitorioso da guerra contra eles, a primeira pessoa que sair para me receber na porta de casa pertencerá a Javé e eu a oferecerei em holocausto" (Jz 11,30s.). Ao regressar vitorioso para casa, quem lhe vem ao encontro é a sua filha única, a cantar e dançar comemorando a vitória do pai. Ao vê-la, "Jefté rasgou as vestes e gritou: 'Ai, minha filha, como sou infeliz! Você é a minha desgraça, porque eu fiz uma promessa a Javé e não posso voltar atrás'" (Jz 11,35). A filha de Jefté curva-se ante seu destino. Apenas roga ao pai que lhe permita ir para as montanhas durante dois meses a fim de, com suas amigas, derramar lágrimas sobre sua juventude. Depois, volta para casa e Jefté cumpre o que prometera ao Senhor.

Uma história cruel para nós. Como pode um voto ter mais valor do que a própria filha? Deus terá mesmo exigido que Jefté executasse o prometido? Nós pelo menos, hoje em dia, não podemos mais imaginar uma coisa dessas. Só o que podemos dizer é que, para Jefté, sua palavra proferida perante Deus era obrigatória. Portanto, a história pode servir-nos de advertência para não fazermos promessas levianas a Deus, mas sim, pelo contrário, para que cumpramos o que lhe prometemos. E que, portanto, devemos ser prudentes ao professar um voto perante Deus. Foi o que muitos soldados fizeram na guerra: "Se eu sair ileso desta vou dedicar minha vida a Deus". E ordenaram-se sacerdotes, mas nem sempre cumpriram com o voto. Pois este foi feito em uma situação carregada de emoções. E muitos foram além de sua capacidade, ao fazerem este voto. Mesmo depois de um voto, é preciso colocar-se a questão: É esta realmente a vontade de Deus ou fui eu que me obriguei a mim mesmo?

Com este relato, a Bíblia justifica um hábito reinante em Israel, segundo o qual "todos os anos as moças israelitas saem por quatro dias para chorar a filha de Jefté, o galaadita" (Jz 11,40). As mulheres é que sentem a maior dificuldade com esta história. Mas ao entendermos o relato como justificativa para um costume, logo a história assume um outro significado. Ao dirigirem-se às montanhas para, durante quatro dias, lamentarem a filha de Jefté, o que as moças fazem é entrar em luto por sua própria vida. O luto pode ter vários sentidos. Pode ser para lamentar a sua própria juventude, agora finda. Neste caso, a filha de Jefté representa a juventude que as moças precisam deixar para trás a fim de tornarem-se adultas. Mas também se pode entender o luto da seguinte maneira: Elas lamentam o fato de, muito frequentemente, serem vítimas da violência masculina ou da prepotência dos homens. E ao lamentarem a própria sorte, as mulheres sentem crescer em si a solidariedade e a força interior. O luto coletivo pode ser um caminho para que a mulher descubra e fortifique sua própria identidade como mulher. Chorar não significa render-se simplesmente à própria sorte, mas sim redescobrir sua própria dignidade, seu próprio eu, que independe da arbitrariedade masculina. Vista desta maneira, esta história pode ser lida como um relato de esperança e fortalecimento.

# 10
## O sofrimento de Jó

A história narrada no Livro de Jó tem emocionado as pessoas em todos os tempos. Jó era uma homem justo e temente a Deus que vivia segundo a vontade divina. Certo dia, os anjos[3] se apresentam a Javé e, entre eles, satã também está presente. Deus lhe chama a atenção para Jó, pessoa justa. Satã retruca que tal fato não é nenhum milagre, pois Deus lhe propiciou tanta riqueza. Deus lhe responde: "Pois bem, faça o que você quiser com o que ele possui, mas não estenda a mão contra ele". Portanto, Ele concede a satã a procuração para roubar de Jó todas as suas posses e bens, mas não sua própria pessoa (Jó 1,9s.).

Tomado literalmente, esse texto poderia dar a impressão de que o sofrimento humano seja consequência de uma aposta entre Deus e satã, na qual uma pessoa é cinicamente sacrificada apenas para que Deus sempre o vencedor. Mas não é assim que se deve interpretar esta passagem bíblica. A conversa entre Deus e os anjos, entre os quais também estava satã, é antes de tudo

---

3. No original a expressão usada é *Gottessöhne*, ou seja, filhos de Deus. Preferi seguir a tradução da Bíblia aqui adotada como referência. Cf. nota de rodapé 1 [N.T.].

uma introdução romanceada ao tema referente ao sofrimento e ao modo de a pessoa lidar com o sofrimento. No judaísmo daquele tempo, era comum a convicção de que cada pessoa é culpada por seu sofrimento. Quando uma pessoa passa a sofrer, é porque ela contraiu alguma culpa. No entanto, Jó se defende com sucesso contra esta maneira de ver. O sofrimento é incompreensível, como Deus também é incompreensível. Deus não lhe dá explicação para o sofrimento. Jó, pelo contrário, reconhece na natureza a grandeza de Deus e inclina-se perante Ele. E ele admite que nenhum argumento teórico ou racional estará à altura de Deus ou do mistério do sofrimento.

O escritor do Antigo Testamento assumiu em seu livro sábias doutrinas de outros povos. E assim, introduziu de modo romanceado o tema do sofrimento, tratando Deus e satã como os contendores. Mas com a ressalva de satã ficar subordinado a Deus. Ele é um dos anjos. Poderíamos entender a narrativa da seguinte maneira: Mesmo que Deus nos dê sua bênção, permanece possível que a vida seja destruída e que o sofrimento nos atinja apesar de todo o nosso comportamento fervoroso. O sofrimento é imperscrutável. Sua causa não está apenas em fatores psicológicos. É evidente haver uma tensão entre uma vida conforme à vontade de Deus e o sofrimento que, mesmo assim, nos pode vir a importunar. O relato bíblico indica como causa a aposta entre Deus e satã. Naturalmente, não devemos tomar ao pé da letra esta assertiva. Fica claro apenas que o sofrimento é um mistério. Mas se a pessoa se atém a Deus, o sofrimento não conseguirá quebrá-la. Pelo contrário, como mostra a história de Jó, a pessoa sairá mais madura e com uma fé mais sólida. No final, Jó recebe de volta, de presente, tudo o que havia perdido. "E Javé abençoou Jó mais ainda do que antes. Ele possuía agora catorze mil ovelhas, seis mil camelos, mil juntas de bois e mil jumentas. Teve sete filhos e três filhas" (Jó 41,12).

A mensagem da narrativa é a seguinte: Quem, ao sofrer, se atém a Deus, terá sucesso na vida.

# 11
## O coração imperscrutável

O coração é mais enganador que qualquer outra coisa, e dificilmente se cura; quem de nós pode entendê-lo? (Jr 17,9).

O Profeta Jeremias passou pessoalmente por muitos sofrimentos. As pessoas o tratavam como inimigo, governantes tramavam um jogo espúrio com ele. Com base nestas experiências, ele formulou a frase que parece marcada por uma concepção pessimista do ser humano: "O coração é mais enganador que qualquer outra coisa, e dificilmente se cura; quem de nós pode entendê-lo?" (Jr 17,9). Esta é a expressão de uma experiência vivida. E com estas palavras, Jeremias caracteriza *um* dos aspectos do coração humano, e não sem fundamento. Às vezes tem-se de fato a impressão de que o coração humano é mesmo incorrigível. Existem realmente as pessoas más, com um coração enganador. São estas que perseguem o profeta. Mas, em versículos anteriores, Jeremias também havia escrito algo diverso: "Bendito é o homem que confia em Javé e em Javé deposita a sua segurança. Ele será como a árvore plantada à beira d'água e que solta raízes em direção ao rio" (Jr 17,7s.).

Portanto, há dois tipos de pessoas: as justas, que se orientam pelos preceitos de Deus e cujas vidas produzem abundantes frutos, e as ímpias, de coração enganador. Alguns teólogos generalizaram a frase do profeta e dela extraíram toda uma teoria antropológica: O ser humano está pervertido radicalmente e é um pecador em seu cerne essencial. Entretanto, esta teoria não corresponde à intenção do profeta.

Ao lermos as afirmações de Jeremias em seu conjunto, entendemos que elas significam o seguinte: Cada um de nós traz consigo a tendência de se tornar enganador, incorrigível. Mas também cada pessoa recebeu o Espírito de Deus, desejoso de operar o bem no seu íntimo. Onde está o Espírito de Deus em nós, lá o coração não está estragado, mas sim são e íntegro. E assim reza Jeremias: "Cura-me, Javé, e eu ficarei curado; salva-me, e eu serei salvo, porque Tu és o meu louvor" (Jr 17,4). Nós necessitamos da graça de Deus para evitar que o enganador tome conta de nós e para que, em vez disso, o Espírito de Deus cure o nosso coração e o torne repleto de amor e paz.

# 12
## Um Deus ciumento e vingador

> Javé é um Deus ciumento e vingador! Javé é vingador e sabe enfurecer-se [...]. Javé é lento para a ira e muito poderoso, mas não deixa ninguém sem castigo (Na 1,1-3).

O Profeta Naum (cujo nome significa "consolo" ou "consolador") escreveu suas alocuções ameaçadoras numa situação histórica em que os povos da Ásia Menor sofriam pesadamente sob o poder de Assur. E assim descrevia Deus como um Deus vingador e retaliador, cujo juízo virá certamente, mesmo que se faça esperar longamente. Não se pode considerar as frases deste livro de modo isolado umas das outras. É preciso ter sempre em mente a situação daquele tempo. Neste sentido, deve-se entender como palavras de consolação os versículos que assim rezam: "Javé é um Deus ciumento e vingador! Javé é vingador e sabe enfurecer-se [...]. Javé é lento para a ira e muito poderoso, mas não deixa ninguém sem castigo" (Na 1,1-3). Com estas palavras, o profeta exprime sua confiança em que Deus venha a romper o poder de Assur. Para ele, é Deus quem tem o poder de proteger seu povo. Mas não devemos entender esta descrição de um Deus vingador, ciumento e castigador como uma assertiva universalmente válida para designar Deus. Tendo em mira o Rei Assur, o profeta tem a esperança de que Deus restituirá o direito a seu povo, quebrando o poder do opressor. É preciso vingar a injustiça cometida por Assur contra os povos. É neste contexto que Naum afirma que Deus não deixará ninguém sem castigo. Este modo de ver do profeta tem seu fundamento na confiança de que Deus restabelecerá o estado de direito no mundo.

Ao mesmo tempo, Naum contrapõe a esta frase a outra, segundo a qual Deus é lento para a ira e muito poderoso. Ele tem paciência conosco quando cometemos faltas. Mais cedo ou mais tarde, porém todo erro se há de vingar. É o que se entende por um Deus castigador: Deus não está sentado lá em cima, no céu, olhando para baixo como um juiz em busca de alguém para castigar. O castigo de Deus significa que não podemos viver arbitrariamente. Não devemos contrariar nossa própria maneira de ser. Fazem parte desta nossa essência, daquilo que deveria ser, a justiça e a solidariedade para com todas as pessoas. Quem for injusto como Assur terá seu castigo algum dia. Não ocorrerá imediatamente, pois Deus é lento para castigar. Mas não devemos interpretar essa lentidão no sentido de que a nós, enquanto sofredores, já não nos resta chance alguma. O direito há de se impor. Podemos designar este enunciado sobre Deus como lei natural inscrita por Deus no mundo: a injustiça não perdurará por longo tempo. Dispomos de vários provérbios que nos dão ânimo justamente quando passamos mal. Neste sentido, o profeta encoraja o povo de Israel: Ao fim e ao cabo, a justiça triunfará.

# 13
## Salmos vindicativos

Feliz quem lhe devolver o mal que você fez para nós! Feliz quem agarrar e esmagar seus nenês contra o rochedo! (Sl 137,8s.).

"Salmos de maldição" ou também "de vingança" — é assim que se denominam tradicionalmente as preces do Livro dos Salmos com as quais o devoto, em sua extrema necessidade, se dirige a Deus rogando-lhe o extermínio violento de seus inimigos. Em nossos dias, muitas pessoas encontram grande dificuldade com estes salmos de maldição. Para eles, Deus é instrumentalizado nestes salmos para justificar as próprias agressões. Quem recita estes salmos só têm vistas para a agressão contra outros, ao suplicar que Deus aniquile os ímpios. No entanto, nestes salmos sempre ocorre uma transformação no devoto que os recita e assim exprime sua raiva contra os que o prejudicam. Simultaneamente, porém, ele dirige-se a Deus: que Ele pronuncie seu juízo. Depende de Deus o modo como Ele reage ao suplicante e aos ímpios. Muitas vezes os suplicantes reclamam que aos ímpios tudo vai bem e aos bons, tudo corre mal. Trata-se de uma experiência que o suplicante vai reelaborando interiormente na oração.

Ao rezarmos os salmos vindicativos hoje em dia, nunca devemos ter em vista inimigos concretos, mas sim nossos inimigos dentro de nós, nossos padrões de vida que nos impedem de viver, nossa susceptibilidade, fraqueza, desamparo, angústia e depressão.

Este modo de interpretar nada tem a ver com uma psicologização moderna. Já os Padres da Igreja entendiam os salmos como alegorias, ou seja, em verdade, como forma de reportar-se para algo de diferente. É o que vale antes de tudo para o versículo cruel que reza: "Feliz quem lhe devolver o mal que você fez para nós! Feliz quem agarrar e esmagar seus nenês contra o rochedo!" (Sl 137,8s.). São Bento cita este versículo em sua Regra Beneditina, mas interpreta os filhos de Babel como símbolo dos maus pensamentos. No capítulo sobre os instrumentos espirituais, ele escreve: "Maus pensamentos que se infiltram em nosso coração devem ser imediatamente esmagados em Cristo e revelados ao Pai espiritual" (Regra de São Bento, 4, 50).

Evidentemente, este salmo surgiu numa época difícil para Israel, após serem arrastados à Babilônia. Nesta situação, os israelitas entendiam este versículo em sentido absolutamente literal. Mas hoje não devemos interpretá-lo assim. A própria Bíblia já foi pouco a pouco espiritualizando esses versículos guerreiros. Os monges e os Padres da Igreja também viam nesses versículos uma imagem voltada a indicar-nos que não devemos abrir muito espaço para os maus pensamentos, mas sim, esmagá-los arremessando-os a Cristo, esta verdadeira rocha. Em outros termos, devemos apresentar nossos pensamentos perante Jesus na esperança de que se desfaçam diante dele, perdendo sua força.

Mas nem sempre se consegue apresentá-los a Jesus de forma tão doce. Há maus pensamentos dos quais só podemos libertar-nos jogando-os violentamente para fora e arremessando-os a Cristo. Só assim cessarão de atormentar-nos.

Muitos serão da opinião de que assim se estará minimizando a aspereza desse versículo. Porém, temos de reaprender a linguagem figurada da Bíblia, pois foi assim que os Padres da Igreja liam não apenas a Bíblia, mas também os mitos e lendas gregas. Tomando estas palavras ao pé da letra, não as estaremos compreendendo devidamente. Estaremos, isso sim, desprezando os conhecimentos da hermenêutica e os da linguística, no que concerne aos diferentes modos de dizer as coisas. Se compreendermos a linguagem figurada dos salmos, estaremos à altura de torná-los expressão de nossa própria experiência e assim verbalizar a Deus nossos sentimentos. E assim o Sl 137 nos convida hoje a lançar para fora todos os pensamentos e padrões de vida que nos impedem de viver e despedaçá-los contra a rocha que é Cristo.

# 14
## Salvar-se do homem perverso

Javé, salva-me do homem perverso, defende-me do homem violento. Eles planejam o mal em seu coração e a cada dia provocam brigas (Sl 140,2s.).

No Sl 140, o orante pede a Deus que o livre das mãos de pessoas más. Hoje em dia, muita gente sente dificuldade em relação a versículos como esse. E por várias razões. A primeira delas é que o salmista, aparentemente, julga-se como justo, e a muitos outros como maus e violentos. Tem-se a impressão de que ele esteja sendo presunçoso para consigo mesmo, instrumentalizando Deus para seus próprios fins e para que Ele o proteja contra outrem. A segunda razão: muitos acham que a oração exprime apenas pensamentos pios. Nos salmos, o tema recorrente tem a ver com inimigos e ímpios, um tema nada pio, pois é antes de tudo uma expressão de agressividade. Os salmos não pretendem induzir-nos à presunção, nem arrebatar-nos a voos altamente piedosos. O que eles tencionam é confrontar-nos com a nossa própria realidade, convidando-nos a apresentar a Deus nossa própria realidade, com todas as altercações em que estamos enredados. Só assim nossa vida poderá transformar-se.

Nós, monges, recitamos este salmo nas cerimônias da Sexta-feira Santa. E o rezamos da mesma maneira que Santo Agostinho nos aconselhou para lidarmos com tais textos: colocando-os na pessoa de Jesus. Se imagino Jesus rezando com estas palavras em suas noites solitárias ao perceber a proximidade crescente de sua morte violenta, então, sim, elas perdem seu caráter estranho. Ao contrário, assim eu consigo inserir-me no íntimo da mentalidade de Jesus. Jesus experimentou a força do mal. Saduceus que se tinham por piedosos o haviam entregue aos romanos. E os soldados romanos não tinham dó nem piedade com presos judeus. É nesta situação que Jesus se dirige a Deus, exprimindo-lhe sua necessidade: "Os soberbos me prepararam armadilhas, os perversos me estendem uma rede e me colocam ciladas no caminho" (Sl 140,6). Em seguida, porém, Ele afirma sua confiança: "Eu sei que Javé faz justiça ao pobre e defende o direito dos indigentes" (Sl 140,13).

Meditando com este salmo sobre a missão de Jesus e justamente sobre sua Paixão, eu descubro nele uma teologia e espiritualidade amigáveis ao ser humano. Não vislumbro na Paixão de Jesus sacrifício nem pena suportados por Jesus por nossos pecados, mas sim nossa própria sorte. No sofrer de Jesus descubro minha própria via dolorosa. Qualquer pessoa que siga um caminho espiritual há de vivenciar a aflição que lhe infligem pessoas más em seu mundo exterior ou padrões de vida em seu mundo interior – pessoas e padrões que tornam difícil sua vida. Como qualquer pessoa piedosa, Jesus também sente como a vida nos joga no caminho pedras em demasia, levando-nos por vezes a becos sem saída. Mas nesta situação de penúria, Jesus agarra-se a Deus. Ele confia que Deus defenderá a causa do pobre, mesmo que Ele pareça calar-se ante todas as nossas necessidades e angústias.

Ao recitar os salmos juntamente com os antigos monges e com a visão dos Padres da Igreja, vendo neles a Paixão de Jesus, a Sexta-feira Santa deixa de ser, para mim, opressora. Esta maneira diferente de ver me permite colocar perante Deus juntamente com Jesus meu próprio destino e o das pessoas que me relatam seu padecer. E isto me ajuda a viver na confiança de que Deus cuidará de mim e de todos os que me forem caros.

A morte e ressurreição de Jesus, contudo, também me mostram que Deus nem sempre intervém na hora que eu determino; por exemplo, pedindo-lhe que cure uma pessoa com doença grave ou que recoloque em bases econômicas sólidas uma pessoa falida financeiramente. O que a vida de Jesus nos mostra é que Deus nem sempre nos evita uma catástrofe. Deus faz justiça a Jesus apenas após sua morte, ressuscitando-o. Mas aí, então, vale o dito do salmo: "Os justos louvarão o teu nome, e os retos viverão na tua presença" (Sl 140,14).

# 15
## Abandonado por Deus

Ao chegar o meio-dia, até às três horas da tarde, houve escuridão sobre toda a terra. Pelas três horas da tarde, Jesus deu um forte grito: *"Eloi, Eloi, lamá sabactâni?"*, que quer dizer: "Meu Deus, meu Deus, por que me abandonaste?" Alguns dos que estavam aí junto, ouvindo isso, disseram: "Vejam, Ele está chamando Elias!" Alguém, correndo, encheu de vinagre uma esponja, colocou-a na ponta de uma vara, e deu para Jesus beber, dizendo: "Deixem, vamos ver se Elias vem tirá-lo da cruz!" Então Jesus lançou um forte grito, e expirou (Mc 15,33-37; Sl 22,2).

Muitas pessoas acham difícil este texto. Não conseguem imaginar que Jesus se tenha sentido inteiramente abandonado por Deus. Afinal, Ele era filho de Deus. Como pode o Filho de Deus sentir-se abandonado por seu pai? Então o significado desta frase não será que a cruz representa o fracasso de Jesus e que Jesus morreu desesperado?

Os exegetas e teólogos elaboraram muitos escritos sobre estes versículos, interpretando-os de maneira muito diferente uma da outra. Alguns os tomam como ponto de partida para o que expõem sobre Deus. Se Jesus morreu desesperado, se na morte se sentiu abandonado por Deus, então deverá ser este fato o ponto inicial de nossa alocução teológica sobre Deus. É assim que se expressa, por exemplo, Jürgen Moltmann em seu livro "O Deus crucificado" (em alemão: *Der gekreuzigte Gott*). Eu, porém, me deixei convencer mais pela argumentação do teólogo judeu Pinchas Lapide. Já os Padres da Igreja consideram estes versículos como o início do Sl 22. E sempre acreditaram que Jesus rezou todo este salmo na cruz. Baseado na piedade bíblica e na interpretação dos salmos como constam na Michna, ou seja, na primeira grande redação por escrito da Torá oral, Pinchas Lapide argumenta da seguinte maneira: Mateus usa neste contexto a palavra grega *legon*, que é a maneira clássica de exprimir a recitação do salmo em voz alta, como feita por Jesus, de modo que todos pudessem ouvi-lo. E é assim que se deve entender o primeiro versículo, tendo como pano de fundo o texto integral do salmo. A pessoa que, como Jesus, crê piamente no Antigo Testamento dirige a Deus todas as suas interrogações e sentimentos de abandono. Jesus não duvida de Deus, mas lhe apresenta sua experiência de abandono. E ao exprimir isto, seu sentimento transforma-se. Pois nos salmos, a confiança impreterivelmente acaba por impor-se.

Segundo a tradição rabínica, a expressão "*Eli* = meu Deus" sempre tem em vista o Deus da misericórdia, da graça e da fidelidade. Na tradição oral judia a invocação dupla "*Eli, Eli*" significa: "Meu Deus aqui no mundo visível e meu Deus lá no mundo oculto" (LAPIDE, p. 95). E as pessoas circundantes reagem ao clamor de Jesus: "Ele está chamando Elias". Lapide argumenta que, do clamor "*Eli, Eli*", não se pode inferir que alguém esteja chamando Elias. Ao contrário, no versículo 11 o Salmo reza, cheio de confiança: "Desde o ventre materno Tu és o meu Deus" (Sl 22,11). Em hebraico, a expressão é *"Eli atta!"*, recitada duas vezes sucessivas pelos judeus piedosos, de modo semelhante ao início do Sl 22. Assim repetida, a expressão *"Eli atta* = Tu és o meu Deus" pode levar à recepção acústica *"Elia ta"*, que significa "Vem, Elias" (LAPIDE, p. 99). Lapide prossegue sua argumentação sustentando a interpretação de que Jesus terá recitado na cruz o salmo inteiro. Como fonte, esse autor recorre ao Evangelho de São João. Aqui, Jesus morre às palavras: "Tudo está realizado" – *"tetelestai!"* (Jo 19,30). João entende esta palavra como expressão de que Jesus, com sua morte, nos amou em plenitude total e que, na cruz, levou até ao fim a obra de seu amor. Na interpretação judaica do salmo, esta palavra significa que Deus consumou sua obra de redenção. E a fonte usada para esta interpretação é Is 44,23: "Céus, gritem de alegria, porque Javé agiu!" Lapide acrescenta a estes argumentos a Carta aos Hebreus, que também vê a morte de Jesus no contexto do Sl 22: "De fato, Deus, por quem e para quem todas as coisas existem, queria conduzir para a glória um grande número de filhos. Em vista disso, pareceu-lhe conveniente levar à consumação (*teleiosai*), por meio do sofrimento, o iniciador da salvação de todos eles. Pois tanto aquele que santifica como aqueles que são santificados, todos têm a mesma origem. Por isso, Ele não se envergonha de chamá-los irmãos, dizendo: "Anunciarei o teu nome aos meus irmãos e no meio da assembleia cantarei os teus louvores" (Hb 2,10-12). Com estas últimas palavras, a Carta aos Hebreus cita o Sl 22,23, utilizando a mesma palavra empregada por último: "realizar, consumar = *teleiosai*". Com isso, pode-se daí inferir que os primeiros cristãos não entendiam o clamor de Jesus como um grito de desespero, mas sim como a consumação da obra da salvação, que através de todas as angústias e abandonos nos leva à confiança, pois nunca podemos cair fora do amparo da mão de Deus. Ao contrário, a morte de Jesus nos doa a certeza de que nem mesmo pela morte seremos privados da bondosa mão de Deus.

# 16
## Não vim para abolir a Lei e os Profetas

Não pensem que eu vim abolir a Lei e os Profetas. Não vim abolir, mas dar-lhes pleno cumprimento. Eu garanto a vocês: antes que o céu e a terra deixem de existir, nem sequer uma letra ou vírgula serão tiradas da Lei, sem que tudo aconteça. Portanto, quem desobedecer a um só desses mandamentos, por menor que seja, e ensinar os outros a fazer o mesmo, será considerado o menor no Reino do Céu. Por outro lado, quem os praticar e ensinar, será considerado grande no Reino do Céu. Com efeito, eu lhes garanto: se a justiça de vocês não superar a dos doutores da Lei e dos fariseus, vocês não entrarão no Reino do Céu.

Vocês ouviram o que foi dito aos antigos: "Não mate! Quem matar será condenado pelo tribunal". Eu, porém, lhes digo: Todo aquele que fica com raiva do seu irmão, se tornará réu perante o tribunal. Quem diz ao seu irmão: "Imbecil", se torna réu perante o Sinédrio; quem chama o irmão de "idiota", merece o fogo do inferno. Portanto, se você for até o altar para levar a sua oferta, e aí se lembrar de que o seu irmão tem alguma coisa contra você, deixe a oferta aí diante do altar, e vá primeiro fazer as pazes com seu irmão; depois, volte para apresentar a oferta. Se alguém fez alguma acusação contra você, procure logo entrar em acordo com ele, enquanto estão a caminho do tribunal; senão o acusador entregará você ao juiz, o juiz o entregará ao guarda, e você irá para a prisão. Eu garanto: daí você não sairá, enquanto não pagar até o último centavo (Mt 5,17-26).

Em tempos passados, interpretava-se frequentemente o Sermão da Montanha como sendo dirigido contra o judaísmo. Via-se nele a superioridade do cristianismo em comparação com o judaísmo. Hoje em dia, porém, entendemos o Sermão da Montanha como um texto intrajudaico.

No tempo de Jesus, os fariseus pretendiam transpor os mandamentos do Antigo Testamento de maneira concreta à vida cotidiana das pessoas. No Sermão da Montanha, Jesus se apresenta como um fariseu que interpreta à sua maneira os mandamentos do Antigo Testamento. No seu caso, sua interpretação corresponde a uma tendência mais liberal, semelhante à defendida pelo fariseu Hilel, contemporâneo de Jesus. O Sermão da Montanha é uma interpretação da Lei veterotestamentária, como era então concebível dentro dos parâmetros judaicos. Infelizmente, estas antíteses levaram por vezes a uma atitude antissemítica ou, pelo menos, a um sentimento de superioridade ante a teologia judaica. No entanto, o que Jesus diz é válido para todas as pessoas. Ele mostra de que modo a vida fica bem-sucedida.

Muitas pessoas reagem com uma sensação de receio à instrução de Jesus e dizem: "Se vou para o inferno por causa de raiva, então não tenho nenhuma chance. Pois continuamente me incomodo e fico com raiva de outras pessoas". Quem assim fala, não compreendeu o Sermão da Montanha em seu cerne. Jesus não tenciona introduzir uma nova legalidade e incutir em nós o temor, tornando ainda mais rigorosos os mandamentos do Antigo Testamento. Seu assunto está voltado para maior justiça. Justiça não quer dizer que eu não cometo mais erro algum, mas sim que eu me porte com justo respeito ao meu modo de ser. As palavras de Jesus nos conclamam a viver em conformidade com nosso modo de ser. Ele nos revela o sentido dos mandamentos: Eles não pretendem levar-nos à autocomplacência, que nos satisfaz em nosso íntimo petrificando-nos. Ao contrário, Jesus quer nos encaminhar em uma direção que faça purificar cada vez mais nosso espírito e nos tornarmos cada vez mais abertos para o amor. Esta é para Ele a nova justiça que Ele mesmo nos demonstrou com sua vida. É nesta justiça que Ele nos quer introduzir.

O que corresponde à nossa maneira de ser é que nos deixemos marcar em nossa mentalidade pelo amor e não, pelo ódio. A expressão "todo aquele que fica com raiva do seu irmão, se tornará réu perante o tribunal" não significa que serei castigado imediatamente por qualquer sentimento. Pois não podemos impedir em nós o surgimento de chateação, raiva ou cólera. Os antigos monges nos dizem: "Você não é responsável pelos sentimentos que surgem em seu íntimo, mas sim apenas pelo modo como você lida com eles. Você deve levar em conta sentimentos de cólera, chateação ou inveja, mas não conceder-lhes demasiado espaço". Trata-se de transformar os sentimentos, entrando em conversação com eles e interrogando-os sobre o que eles pretendem revelar-me, sobre concepções ou desejos infantis aos quais eles me apontam. Deixando que a cólera tome muito espaço dentro de mim, prejudico-me a mim mesmo e não me porto à altura de meu modo de ser. Passo a expandir veneno em torno de mim, e os sentimentos negativos também me envenenarão a mim mesmo. E deixarei de ser uma bênção para os demais, passando a prejudicá-los igualmente.

Mas será realista o que Jesus diz: "Se você for até o altar para levar a sua oferta, e aí se lembrar de que o seu irmão tem alguma coisa contra você, deixe a oferta aí diante do altar, e vá primeiro fazer as pazes com seu irmão"? Não temos como evitar que alguém tenha algo contra nós, que ele tenha inveja de nós ou que se incomode por nossa causa. Conheço pessoas que, após a morte de seus pais, brigaram com seus irmãos por causa da herança, embora quisessem fazer as pazes. Mas os outros não se dispuseram a reconciliar-se e deixar para trás as desavenças. Então, estas pessoas terão de abster-se da Eucaristia e de comungar? Seria duro demais para elas. Como entender as palavras de Jesus? Evágrio Pôntico, um monge do século IV, ofereceu uma interpretação psicológica desta passagem: "Somente após reconciliar-se com seu irmão, você poderá rezar sem incômodo. Porque o rancor obnubila o espírito da pessoa que reza". Com rancor no coração você não poderá rezar direito. A oração é, portanto, um desafio para você ir purificando seu coração de todo rancor e amargor. Deveríamos pelo menos em nosso coração fazer as pazes com as pessoas com as quais nos encontramos em conflito. Mas levá-las à paz é uma tarefa que supera nossas forças. Devemos, antes de dirigirmo-nos à cerimônia eucarística, procurar reunir pensamentos de paz dentro de nosso coração. Em seguida, podemos humildemente participar da Comunhão, não autocomplacentes, mas sim confessando que, apesar de nosso mais acurado pensamento e propósito, não conseguimos estar em paz com todos. E assim apresentamos a Jesus nossa fraqueza e acolhemos Jesus em nossa fraqueza e incapacidade, na esperança de que Ele as transforme. E também apresentamos a Jesus as pessoas que não conseguimos alcançar até agora em nossos intentos de reconciliação, a fim de que Jesus as perpasse com as torrentes de seu amor, as transforme e as torne repletas de paz.

As palavras de Jesus são frequentemente proferidas de modo figurado. Não se deve entendê-las apenas superficialmente. Jesus nos conclama a fazer as pazes com o inimigo. Mas também existem inimigos que não querem a paz conosco. No entanto, num plano mais profundo, as palavras de Jesus sempre são válidas. Enquanto eu estiver a caminho, devo fazer as pazes com meu próprio inimigo interior, com meu receio, com minha cólera, com meu ciúme. Deixando muito espaço em minha alma para estes inimigos, eles me fazem prisioneiro da amargura e da insatisfação. Fazer as pazes supõe dialogar. Trata-se de conversar com todos os meus inimigos interiores, com meus receios, minha inveja, minha depressão, reconhecendo o que estas emoções têm a dizer-me. Se eu as aceito e com elas converso, elas mesmas me reconduzirão à paz interior comigo mesmo, de modo a capacitar-me a viver em paz com as demais pessoas.

# 17
## Arranque seu olho

Se o olho direito leva você a pecar, arranque-o e jogue-o fora! É melhor perder um membro do que o seu corpo ser jogado no inferno. Se a mão direita leva você a pecar, corte-a e jogue-a fora! É melhor perder um membro do que o seu corpo todo ir para o inferno (Mt 5,59ss.).

Também estas palavras têm constituído frequentemente objeto de interpretação apta a suscitar medo, pois tomadas ao pé da letra significam ser melhor cortar fora um pedaço de si mesmo do que ir para o inferno. Mas estas palavras também devem ser entendidas em sentido figurado. Jesus é judeu. E para judeus é absolutamente proibido mutilar-se. Portanto, Jesus seguramente não conclamou à prática da automutilação. Mas suas palavras têm algo a nos dizer. O olho direito é aquele olho que tudo julga, que de tudo se apossa, que cobiça, fixa as pessoas e deseja possuí-las. É o olho do falcão que fixa sua vítima e a ela se precipita. Ao enxergarmos unicamente com o olho direito, o do falcão, caímos no inferno de nossa cobiça. Este lado direito, machista, tem de ficar para trás para que o olho esquerdo possa impor-se. O olho esquerdo não julga, apenas contempla e deixa a pessoa ser como é. Ele admira e fica admirado. Vê no outro sua beleza. Olha para a pessoa e a assim a prestigia. Somente quando admitimos esta qualidade do olho é que estaremos à altura de nosso modo de ser.

Quanto à mão, cabe uma análise semelhante. A mão direita representa o tipo da pessoa "fazedora" que pensa ser capaz de fazer tudo o que quiser. A mão direita quer ter tudo e segurar tudo. Mas quem vive exclusivamente este seu lado fazedor sem atentar para o seu coração, quem apenas vive o ter e esquece o ser logo cairá no fogo de seus sentimentos recalcados e necessidades insatisfeitas. É preciso restringir a parte direita, a fim de abrir espaço para a esquerda. A mão esquerda é a mão feminina, que acolhe. Que é meiga, toca, cria um relacionamento, consola. Jesus não nos quer levar ao rigorismo, que só teria por consequência a de recalcarmos nossos sentimentos e necessidades. Ele deseja conduzir-nos ao equilíbrio, algo de consentâneo com nossa essência, com nosso modo de ser.

Com a metáfora da mão, o que Jesus pretende exprimir corresponde ao mito grego de Prometeu, que é o tipo da pessoa fazedora. Ele roubou dos deuses o fogo e o doou aos humanos. E por castigo foi acorrentado à rocha do Cáucaso, onde diariamente chegava uma águia para bicar seu fígado, que porém sempre se recuperava. O fígado representa fantasias de grandeza. A pessoa fazedora sucumbe à ilusão de sua grandeza, de ser igual a Deus. E assim, passa a sofrer a dor de suas emoções recalcadas a impedi-la de lembrar-se de que é uma pessoa humana, uma criatura, vinda do barro, mortal e sujeita a quedas.

# 18
## Sejam perfeitos como o Pai

Vocês ouviram o que foi dito: *Olho por olho e dente por dente!* Eu, porém, lhes digo: Não se vinguem de quem fez o mal a vocês. Pelo contrário: se alguém lhe dá um tapa na face direita, ofereça também a esquerda. Se alguém faz um processo para tomar de você a túnica, deixe também o manto! Se alguém obriga você a andar um quilômetro, caminhe dois quilômetros com ele! Dê a quem lhe pedir, e não vire as costas a quem lhe pedir emprestado.

Vocês ouviram o que foi dito: *Ame o seu próximo, e odeie o seu inimigo!* Eu, porém, lhes digo: Amem os seus inimigos, e rezem por aqueles que perseguem vocês! Assim vocês se tornarão filhos do Pai que está no céu, porque Ele faz o sol nascer sobre maus e bons, e a chuva cair sobre justos e injustos. Pois, se vocês amam somente aqueles que os amam, que recompensa vocês terão? Os cobradores de impostos não fazem a mesma coisa? E se vocês cumprimentam somente seus irmãos, o que é que vocês fazem de extraordinário? Os pagãos não fazem a mesma coisa? Portanto, sejam perfeitos como é perfeito o Pai de vocês que está no céu (Mt 5,38-48).

Muitos acham que amar o inimigo é algo que excede a capacidade da pessoa. E que o que Jesus diz sobre o modo de lidar com o mal é impossível em nossos tempos. Seria o mesmo que escancarar as portas para o mal. No entanto, as palavras de Jesus são sempre palavras salvíficas e libertadoras. Temos de debater-nos com elas até compreendê-las. Jesus não pretende nos ditar novas regras. O que Ele nos apresenta são soluções criativas a respeito de como lidar com o mal e com o inimigo. É o que constatamos mais do que claramente tanto na política como no âmbito pessoal: Quem reage à violência com contraviolência logo cai no círculo vicioso da violência. Jesus nos mostra caminhos trilháveis para sairmos do círculo vicioso da violência e contraviolência.

Jesus nos conclama a seguir o ditame: "Não resistam a quem lhes trata mal". Em grego isso está expresso em quatro palavras: "Não resistam ao mal" (*"Me antisthenai to ponero"*). Isto não quer dizer que devamos deixar caminho livre para o mal ou que suportemos passivamente o mal. Pode-se traduzir a expressão grega de diversas maneiras. Uma delas é a seguinte: "Não mova processo contra quem lhe tenha feito mal". O discípulo de Jesus deveria renunciar a processar juridicamente a pessoa que lhe fez mal. O recurso legal contra a pessoa má não a curará de sua maldade. Haveria um processo judicial após o outro, mas o problema ficaria sem solução e a sua maldade permaneceria inalterada. Seria o mesmo que firmar a pessoa má em sua maldade. Mas o que Jesus tem em mente é a superação do mal.

A outra maneira de interpretar é a seguinte: "Não se detenha no mal. Não fique muito tempo ocupado com pensamentos negativos sobre uma pessoa má". Pois isto prejudica você mesmo. Não deveríamos dar nenhuma força ao mal, ocupando-nos continuamente com ele; mas, sim, voltar-nos para o que há de bom em nosso âmago, tomar este cerne bom que temos em nosso íntimo como ponto de partida e assim reagir ao mal de modo criativo. Deveríamos encontrar soluções criativas, capazes de surpreender e deslumbrar a outra pessoa, de modo a arrancá-la de seu modo habitual de pensar e comportar-se.

Jesus apresenta três soluções criativas que confundem a pessoa má, abrindo-lhe assim o caminho da transformação. A primeira solução consiste em oferecer a face esquerda a quem me golpear a direita. Isto não significa que eu tenha que permitir tudo o que me ocorra, comportando-me como uma vítima que se pode surrar à vontade. O que Mateus tem em vista aqui é uma batida com a palma da mão, que nada tem a ver com violência, mas sim com a perda de dignidade. Se minha dignidade tem seu fundamento em Deus, não preciso insistir em ser respeitado pelos homens. O outro nunca poderá roubar-me minha honra. Sua tentativa de humilhação passa ao largo. Se não me sinto ofendido, o comportamento da outra pessoa poderá ser levado a um outro nível. A pessoa ficará insegura ao ver-me reagir de forma inesperada para ela. E esta insegurança será para ela a chance de começar a refletir.

A segunda solução criativa é a que segue: "Se alguém faz um processo para tomar de você a túnica, deixe também o manto" (Mt 5,40). Trata-se aqui de um implacável credor que pretende leiloar até a túnica ou a camisa do outro. Mas o manto ele não podia colocar em leilão, pois pelo direito judaico o manto destinava-se à proteção durante a noite, servindo como coberta contra o frio noturno. Porém, quem sabe estar sob a proteção divina poderá dispensar até este direito. É mais uma forma de comportamento capaz de confundir o credor e abrir-lhe a possibilidade de transformar sua cobiça.

Terceira solução: "Se alguém obriga você a andar um quilômetro, caminhe dois quilômetros com ele" (Mt 5,41). Todo soldado romano tinha o direito de obrigar um judeu a acompanhá-lo por uma milha servindo-lhe como guia ou carregador. Dá para imaginar que muitos judeus o faziam a contragosto. Agora, andando duas milhas com o romano, terei a possibilidade de travar amizade com ele. Converso com ele. Ele não é meu inimigo, mas sim um ser humano. E assim posso conquistá-lo com meu espírito aberto. Logo fica abolida a dureza do direito de ocupação romana. E entre dominadores e dominados passa a existir uma amizade, o que faz bem a ambos.

Após apresentar estas três soluções criativas para lidar com o mal, Jesus resume a mensagem de seu Sermão da Montanha ao mandamento do amor para com o inimigo: "Amem os seus inimigos, e rezem por aqueles que perseguem vocês". Aqui também Jesus não tem em mente uma tolerância passiva, mas sim a superação da inimizade. A inimizade surge de uma projeção. A outra pessoa tem algo em si mesma que ela não aceita e então a projeta sobre mim e me combate. Amar o inimigo significa em primeiro lugar: descobrir este mecanismo de projeção. A outra pessoa não é inimiga minha, mas sim uma pessoa cindida em si mesma. Ao rezar por ela, exprimo minha esperança de que ela encontre a paz consigo mesma. E ao rezar, também me livro do papel de vítima. Quando uma pessoa me combate, me xinga, me ofende, sinto-me vítima. Qualquer um de nós terá sido alguma vez vítima de calúnia e ofensa. Mas não posso permanecer neste papel de vítima. De outra forma, transformar-me-ei em agressor. Não se pode viver bem ao lado de uma vítima.

Dela provém muita agressividade. Como diz Verena Kast, tenho de despedir-me do papel de vítima. E na oração eu o faço de modo concreto, passo a ser ativo e fico na esperança de que a outra pessoa entre em harmonia consigo mesma, para assim não precisar mais combater-me.

O capítulo sobre o amor ao inimigo conclui com a palavra de Jesus: "Portanto, sejam perfeitos como é perfeito o Pai de vocês que está no céu". A tradução latina levou muita gente a uma pista errada, ao pensar que deve ficar sem mácula e chegar à perfeição. Mas a palavra no original grego é "*teleios*" e não significa perfeição moral; significa ser íntegro, completo. Lucas escreve mais precisamente: "Sejam misericordiosos como seu Pai celeste é misericordioso". É evidente que o significado de perfeição aqui se refere a permanecer inteiramente no amor, como Deus; ser misericordioso como Deus. E a palavra grega "*esesthe*" quer dizer propriamente: "vocês vão tornar-se". Trata-se, portanto, de uma promessa. Se nos empenharmos em tentar por em prática as soluções criativas de Jesus, seremos partícipes de Deus, seremos filhos e filhas de Deus. Assim seremos partidários da mentalidade de Deus. E mais. Estaremos em Deus mesmo, vivenciaremos Deus. Jesus confia que seremos aptos a ser perfeita e totalmente como Deus. E ao mesmo tempo nos explica o que Ele quer dizer com isso: Deus faz surgir o sol para maus e bons. Faz chover sobre justos e injustos. Ao dirigirmos o olhar para nossa consciência e divisar o mal e o bem em nosso íntimo, conseguimos fazer com que tanto um como outro se transformem em luz. E ao nos voltarmos ao que há de justo e injusto em nosso interior, tanto um como outro serão fecundados e a semente da palavra divina irá germinar em todas as áreas de nosso corpo e de nossa alma.

É assim que as palavras de Jesus no Sermão da Montanha têm um caráter desafiador, mas ao mesmo tempo libertador. São palavras que nos insuflam a confiança de que nos tornaremos pessoas íntegras e maduras, filhos e filhas de Deus, consoantes com a imagem singular que Deus cunhou de cada um de nós. São palavras que protegem nossa dignidade e nos mostram caminhos pelos quais corresponderemos também à dignidade das outras pessoas.

# 19
## E não nos induzas em tentação[4]

A última súplica do Pai-nosso causa dificuldade para muitos fiéis cristãos. Eles se levantam contra a ideia de que Deus nos possa induzir em tentação. Isto contradiz a imagem que se fazem de Deus. No entanto, o pedido de que Deus não nos queira induzir em tentação não implica necessariamente a convicção de que Deus leve as pessoas à tentação. Em sua epístola, o apóstolo São Tiago adverte seus leitores que não devem culpar Deus pela tentação: "Quando tentado, ninguém diga: Deus está me tentando". Porque Deus não é tentado a fazer o mal nem tenta ninguém a fazê-lo. Cada um é tentado pelo seu próprio desejo, que o atrai e seduz" (Tg 1,13s.). São Tiago leva em conta que as tentações ocorrem, mas também que elas se tornam para nós provações em que teremos de comprovar-nos na perseverança. Mas não devemos dar a Deus a culpa pela tentação. Vendo a súplica de Jesus no contexto da Carta de São Tiago, entendemos seu sentido: Devemos pedir a Deus que nos assista para que não nos deixemos levar à tentação por nossos próprios desejos, por nossa própria condição de necessitados.

---

4. Este pensamento deriva do modo como se reza este verso no Pai-nosso em alemão: "Não nos induzas em tentação" (*Führe uns nicht in Versuchung*). Mais adiante, o autor refere-se à tradução brasileira [N.T.].

Desde longo tempo numerosos teólogos vêm tendo problemas com o teor desta súplica e passaram então a propor outras formas possíveis de tradução. Na Igreja primitiva, Orígenes traduziu a última súplica do Pai-nosso da seguinte maneira: "Não nos deixeis cair em tentação". É a tradução adotada pela Igreja no Brasil. Leonardo Boff baseia nesta tradução oficial para o português sua interpretação do Pai-nosso. Tertuliano, um dos Padres da Igreja latina, entende este pedido como segue: "Não nos induzas em tentação significa que não nos deixes sermos levados a ela por aquele que tenta levar-nos. Longe de nós a aparência de que o Senhor seja quem nos tenta!" (BADER, p. 46). Santo Agostinho entende o versículo no sentido de que pedimos a Deus sua ajuda para que não consintamos com a tentação nem cedamos a ela. E dirige sua súplica a Deus com as seguintes palavras: "Tu és fiel e não permitirás que sejamos tentados acima de nossas forças" (BADER, p. 49). Com este pedido, Jesus não está rezando para que Deus nos leve ativamente à tentação, mas sim que Ele nos queira evitar o lugar da tentação. Que não nos deixe cair na tentação. É o que se confirmaria com uma volta da tradução ao hebraico ou aramaico. Pinchas Lapide traduz: "Não me deixes tropeçar nem sucumbir como vítima da tentação; dá-me força para dizer não" (LAPIDE, p. 77). E remete à Oração Vespertina judaica, que suplica: "Não me deixes ficar sob o poder da tentação".

Uma outra questão diz respeito ao que se entende por tentação. Os monges dos primeiros tempos consideram a tentação como uma provação do ser humano. Da mesma forma como a tempestade obriga a árvore a aprofundar suas raízes, assim a tentação fortalece o monge em seu combate pelo bem. Orígenes diz o seguinte sobre a tentação: "Também a tentação tem algo de bom. Ninguém sabe, exceto Deus, tudo o que Ele concedeu a nossa alma, nem mesmo nós. Mas a tentação o traz à luz para que aprendamos a conhecer-nos a nós mesmos e assim descobrir nossa miséria; e também para que nos obriguemos a agradecer por todo bem que a tentação nos revelou" (BADER, p. 47). A tentação nos mostra tanto a força com que Deus nos galardeou como a nossa vulnerabilidade ao perigo ou, como diríamos hoje, nosso lado obscuro que nos atrai para baixo. Temos de fixar de frente a tentação. Orígenes sustenta que toda a vida da pessoa nesta terra é uma tentação. "Por isso devemos pedir que sejamos salvos da tentação, não no sentido de que não sejamos mais tentados, mas sim que não sucumbamos à tentação" (BADER, p. 47). Hoje em dia distinguimos entre tentação e provação. Provação é algo que devemos enfrentar. Desta luta sairemos comprovados e fortalecidos. Mas no caso da tentação, é preferível evitá-la. Porque ela é como algo que nos puxa para baixo e tenciona engolir-nos. A palavra grega *peirasmos* significa tentação, mas também desorientação. A maior tentação é quando a pessoa se encontra desorientada interiormente e já não vê com clareza o que ela quer e o que é a vontade de Deus. Que Ele nos livre de uma tal tentação. Ou dito de modo ativo: Que Deus não nos deixe cair nesta tentação.

Muitas pessoas acham que se deve retraduzir esta súplica de outra forma. Mas não há tradução satisfatória. Qualquer outra tradução tem um sentido fixo. A tradução oficial corresponde ao teor original em grego. Nossa tarefa consiste em compreender corretamente esta súplica. As palavras da Bíblia têm sempre em si mesmas uma certa ambivalência. Permitem diversas interpretações. Esta abertura, no final das contas, nos faz bem. Ela nos obriga a refletir repetidamente sobre as palavras e desfrutá-las em nosso coração.

# 20
## Os debates de Jesus com os judeus

Jesus continuou dizendo: "Eu vou-me embora e vocês vão me procurar, mas vocês vão morrer no seu pecado. Para onde eu vou vocês não podem ir". As autoridades dos judeus comentavam: "Por acaso ele vai se matar? Pois está dizendo: 'Para onde eu vou, vocês não podem ir'". Jesus continuou a falar: "Vocês são daqui de baixo, mas eu sou lá de cima. Vocês são deste mundo, mas eu não sou deste mundo. É por isso que eu digo que vocês vão morrer nos seus pecados. Se vocês não acreditam que Eu Sou, vocês vão morrer nos seus pecados". Então as autoridades dos judeus perguntaram: "Quem és tu?" Jesus respondeu: "O que eu estou dizendo desde o começo"[5] (Jo 8,21-25).

No Tempo da Quaresma, a liturgia católica faz a leitura dos debates de Jesus com os judeus. De início, não me senti muito

---

5. A tradução brasileira desta última resposta de Jesus tem cunho pastoral e diverge do texto bíblico usado pelo autor, que assim reza: "Por que ainda fico falando com vocês?" As citações bíblicas do autor seguem a obra publicada pela Editora Herder: *Die Bibel* – Die Heilige Schrift des Alten und Neuen Bundes. Vollständige deutsche Ausgabe.

atingido por estas controvérsias. Entretanto, muitos ouvintes de minhas palestras colocaram-me questões quanto à tendência antissemítica dos debates, em que os judeus desempenham um papel negativo, por não compreenderem Jesus. No entanto, quanto mais fui lidando com estes textos, tanto mais se me foi descortinando seu sentido.

Não se trata da recusa por parte dos judeus. Pois no próprio Evangelho de São João, os judeus que falam com Jesus são subdivididos entre os que acreditam e os que não acreditam. O que estes debates tratam são justamente as conversas entre Jesus e nós, leitores e leitoras. Os argumentos dos judeus são nossas dúvidas. Nós duvidamos que neste Jesus seja o próprio Deus quem se torna presente para nós. Em última análise, as conversas giram sempre em torno da questão: Quem sou eu? E também: Quem é este Jesus? Crer ou não crer, pecar ou permanecer na verdade – eis o que fica decidido conforme meu relacionamento com Jesus. A questão fundamental do Evangelho de São João é a seguinte: Posso mesmo acreditar que neste Jesus Homem, cuja origem me é conhecida e cuja história de vida entre os homens é limitada, é o próprio Deus que se encontra comigo? E posso crer realmente que este Jesus deseja conduzir-me à verdade, que Ele possa dar a vida divina de presente a mim, que estou tão cheio de defeitos?

As conversas contidas no Evangelho de São João estão frequentemente marcadas por um mal-entendido. Aparentemente, os interlocutores não falam do mesmo assunto. Em verdade, porém, através destes desentendimentos eles alcançam durante a conversa um plano superior. Nesta passagem, o aspecto decisivo é: "Vocês são daqui de baixo, mas eu sou de lá cima". Jesus procede de Deus. Ele desce do céu até nós para dar-nos a coragem de, nós também, descer à nossa condição humana e, simultaneamente, acreditar que, nele, Deus nos quer presentear seu amor divino. Este amor torna-se palpável nas palavras de Jesus e nas suas curas de enfermos, e chega ao ápice com sua morte na cruz. Nela se abre seu coração. E o seu amor jorra para dentro de nós. Porém, esta afirmação é tão magnífica, que incessantemente duvidamos dela. E assim temos de sempre voltar a falar com Jesus, exprimir-lhe nossas dúvidas e deixar-nos levar por Ele à verdade, na qual se nos descerra o segredo de Jesus, de sua humanidade e de nossa redenção por Jesus Cristo.

# 21
## Ninguém vai ao Pai senão por mim

Jesus disse a Tomás: Eu sou o Caminho, a Verdade e a Vida. Ninguém vai ao Pai senão por mim (Jo 4,6).

Fundamentalistas empregam estas palavras frequentemente no sentido de que somente quem professar sua fé em Jesus chegará a Deus. Pois somente Jesus é a Verdade e o Caminho. Todos os demais caminhos levam à perdição. E todas as demais verdades são verdades aparentes. Muitos usam estas palavras para colocar a si mesmos em posição superior a outros, e assim diferenciar-se deles.

Como entender estas palavras? Em primeiro lugar, não as devemos compreender como exclusivas e excludentes, mas sim como uma colocação positiva. Jesus diz de si mesmo: Quem me compreende realmente, quem me reconhece como sou, tem uma visão clara e encontra a verdade. Verdade – em grego, *aletheia* – significa retirar o véu que encobre todas as coisas de modo a vermos tudo claramente. Quem encontra Jesus passa por uma experiência de vida e vitalidade. Reconhece o que significa a verdadeira vida. E em meio a um mundo desorientado descobre o caminho que leva à vida.

Mas pode-se interpretar estas palavras de Jesus também de outra forma: Toda pessoa que reconhece a verdade e olha para o fundo de todo ser finalmente também reconhece em tudo Jesus como o fundamento propriamente dito. Cada pessoa em que a vida floresce exuberante tem mesmo inconscientemente uma noção da realidade de Jesus. E quem se põe a caminho e, ao caminhar, se vai transformando encontra, no final das contas, o próprio Jesus. Sem dar-se conta, já compreendeu algo de Jesus e de sua verdade. Vice-versa, existem pessoas que professam sua fé em Jesus, mas ficam em seu íntimo totalmente inibidos e tolhidos em sua própria vitalidade. Professam da boca para fora o nome de Jesus, mas em verdade nada entenderam dele e passam a vida ao longo da verdade que é Jesus.

Também a última frase – "ninguém vai ao Pai senão por mim" – muita gente a entende como excludente. No entanto, seu significado é apenas o de uma proposta positiva. Jesus é o caminho para o Pai. Através dele reconhecemos o Pai, como diz Jesus a Filipe: "Quem me viu, viu o Pai" (Jo 14,9). Certa vez, uma enfermeira dedicada ao trato de anciães numa casa da Igreja contou-me que falava de Jesus aos idosos. Eles, entretanto, nada queriam saber de Jesus – continuou a enfermeira – e por isso certamente irão todos para o inferno, já que Jesus disse: "Ninguém vai ao Pai senão por mim". Minha resposta à enfermeira foi que ela devia confiar na misericórdia divina. Não poderei convencer um nonagenário a crer em Jesus. Só posso esperar que, em sua morte, ele encontre Jesus e descubra em Jesus Aquele que, inconscientemente, esteve a buscar durante toda a sua vida. E assim Jesus o conduzirá ao Pai. Foi neste sentido que o teólogo Karl Rahner interpretou esta palavra de Jesus. Na morte não nos encontraremos apenas com Deus tal como Ele é verdadeiramente. Também toparemos com Jesus Cristo enquanto Deus feito homem. E neste Jesus reconheceremos a concretização de todas as nossas aspirações. Compreenderemos que, em toda nossa procura por verdade e vida, o que realmente buscávamos era Ele, mesmo que porventura o tenhamos renegado da boca para fora. Jesus então será, em nossa morte, o caminho para o Pai. Ele nos conduzirá ao Pai, junto ao qual estaremos em casa, para sempre.

Interpretando deste modo, com Karl Rahner, esta palavra de Jesus, aplico uma forma interpretativa entre muitas outras possíveis. Mas interpretar sempre significa, para mim, penetrar pela meditação na palavra de Jesus ou, para usar a expressão de Lutero, rastejar para dentro dela até que ela se me desvele e me revele seu sentido. Nesta palavra cada pessoa descobrirá algo diferente. Mas para mim o decisivo é que as palavras de Jesus são sempre palavras voltadas à vida e nunca palavras que suscitam medo, nem nunca palavras que nos permitam colocar-nos acima dos outros. São palavras que nos desafiam, palavras que nos atingem desde fora até que as acolhamos em nosso coração e que por elas tenhamos sido transformados.

# 22
## Cada qual carregue sua cruz

Jesus disse a todos: "Se alguém quer me seguir, renuncie a si mesmo, tome cada dia a sua cruz e me siga. Pois quem quiser salvar a sua vida, vai perdê-la; mas quem perde a sua vida por causa de mim, esse a salvará" (Lc 9,23s.).

Estas palavras de Jesus estão frequentemente entre as que me são submetidas para resposta por serem de particular dificuldade. Jesus nelas fala de carregar a própria cruz dia por dia. Portanto, não poderá tratar-se de seguir Jesus até o final na cruz ou no martírio violento. Pelo contrário, trata-se de assumir a própria cruz a cada dia. É um caminho de exercício espiritual que Jesus nos apresenta, um exercício cotidiano de introdução ao modo de ser discípulo. Para mim, este passo introdutório tem três aspectos:

Em primeiro lugar, tomar a si a própria cruz significa aceitar os constrangimentos da vida como desafios, enfrentá-los, ao invés de esquivar-se deles. Eles são um caminho para o verdadeiro ego, eles são um caminho para Deus.

Por outro lado, assumir a própria cruz quer dizer um sim a tudo o que se me atravessa no caminho de cada dia. Por mais que planeje claramente meu dia, repetidamente acontece algo de imprevisto a comprometer meu plano. Ora é uma pessoa que se dirige a mim com um desejo. Ora uma ocorrência com a qual eu não estava contando. Dizer sim à cruz significa não incomodar-se com o fato de que o dia transcorre diferentemente e que meus planos sejam continuamente contrariados. Ao contrário, deixo que estas contrariedades me façam erguer-me e abrir-me para Deus e para seu agir em mim.

O terceiro aspecto deste ato de carregar a cruz diz respeito ao sim que digo às minhas contradições, simbolizadas pela cruz: sim aos meus pontos fortes e aos meus pontos fracos, à saúde e à doença, ao vivido e não vivido, ao bem-sucedido e ao malogrado. É neste sentido que o psicólogo C.G. Jung via a cruz. Em seu modo de ver, quem percorre o caminho da autorrealização não tem como passar ao longo da cruz. Pois carregar sua cruz significa dizer continuamente sim à própria contraditoriedade. Bem que gostaríamos de ser sempre fiéis, mas ao mesmo tempo somos mundanos e às vezes até ímpios. Gostaríamos de ser sempre amigáveis, no entanto dentro de nós também há agressões. Aceitar-se na própria contraditoriedade significa: encontrar a paz interior consigo mesmo. Só assim me será possível transmitir paz. Contradições que não aceito, projeto-as em cima de outros. E assim surge briga e discórdia. A palavra de Jesus é uma palavra que torna possível a vida, a paz, a comunidade. Contudo, nem sempre é fácil aceitar as próprias contradições. Tenho de despedir-me da ilusão de ser apenas bom. É uma despedida que dói, pois nosso crescimento se deu juntamente com nossas ilusões.

Jesus diz que devemos renunciar a nós mesmos. Esta palavra foi frequentemente mal-interpretada na história da espiritualidade cristã. Às vezes temos entendido que não devamos pensar em nós mesmos, que devamos renunciar às nossas necessidades e ao nosso verdadeiro ego. Que não devamos buscar nossa autorrealização, mas sim destroçar nosso eu. Que devamos curvar-nos. No entanto, não é este o sentido que Jesus deu às suas palavras. O que Jesus nos quer dizer é que consigamos tomar distância frente ao nosso ego. Não nos devemos deixar dominar por nosso ego. Percebemos quando uma pessoa infla seu ego para impor-se ou quando, pelo contrário, fica aberta para algo maior. Quem sempre fica girando em torno de si mesmo cai mal perante nós. Ele pensa que assim venceria na vida. Na realidade, porém, ele perde. Quem só fica rodando sobre seu ego acaba isolado e afasta as pessoas. Quem, pelo contrário, desprende-se de seu ego e abre-se para algo mais elevado, para o Espírito de Jesus, este irradia sinais positivos. As pessoas gostam de conversar com gente assim.

Jesus nos convoca a sermos abertos para o que Deus quer de nós. Isto tanto pode ser uma privação que nos faz partir rumo ao segredo do amor divino como uma provação que nos torna permeáveis a Deus. Nós não nos anunciamos a nós mesmos, mas sim a serviço de Deus. Quem se apega obstinadamente a si mesmo, fica paralisado. Quem quiser ganhar em toda parte, perde. Somente quem estiver disposto a enfrentar a vida – mesmo ao risco de sofrer ferimentos ou mesmo derrotas – se sairá bem na vida. Portanto, Jesus mostra um caminho realista para que uma vida possa ser bem-sucedida. Temos frequentemente ideias falsas sobre a vida. Para impressionar bem, procuramos apresentar-nos a outrem de um modo diferente do que somos.

E nem notamos que assim produzimos o efeito justamente contrário. Somente quando nos dedicamos inteiramente a uma pessoa, a um trabalho, a um projeto e nos esquecemos de nós mesmos conquistaremos pessoas e a vida. Então, sim, nossa vida fluirá e florescerá. Fluir e florescer são duas palavras-símbolo na psicologia hodierna para designar uma vida bem-sucedida.

# 23
## O pecado contra o Espírito Santo

Eu garanto a vocês: Tudo será perdoado aos homens, tanto os pecados como as blasfêmias que tiverem dito. Mas quem blasfemar contra o Espírito Santo, nunca será perdoado, pois a culpa deste pecado dura para sempre. Jesus falou isso porque estavam dizendo: "Ele está possuído por um espírito mau" (Mc 3,28-30).

Jesus pronunciou estas palavras durante uma conversa com os fariseus. No contexto do acompanhamento espiritual, tenho a ver continuamente com pessoas que se escandalizam com esta expressão bíblica sobre o pecado contra o Espírito Santo. São justamente pessoas atacadas por algum mal psíquico que mais citam esta passagem. Elas estão convencidas de terem, elas mesmas, pecado contra o Espírito Santo e que, por isso, não poderão mais ser perdoadas. Pessoas que sofrem alguma psicose descarregam sobre esta palavra de Jesus sua própria autocondenação e autorrejeição. Frequentemente pessoas obsessivas ou compulsivas são as que abusivamente atribuem a estas palavras de Jesus a responsabilidade por sua obsessão ou compulsividade. Mas o que quer Jesus dizer realmente com esta palavra?

Ele próprio justifica seu entendimento sobre o pecado contra o Espírito Santo apontando para o que os fariseus afirmam dele: Embora realize seus milagres repleto do Espírito Santo e por força do Espírito Santo, os fariseus o caracterizam como tomado por um mau espírito. Quando me volto contra o Espírito Santo desqualificando-o como demoníaco, então não há como o Espírito Santo entrar em mim. Jesus não compreende este pecado como um ato que eu porventura tenha cometido alguma vez e para o qual, dada a sua gravidade, nunca poderei esperar perdão. É assim que o entendem pessoas que sofrem de psicose. Mas Jesus tem em mente algo diferente: Se eu, por julgar demoníaco algo proveniente do Espírito de Deus, decidir rejeitá-lo, ficarei fechado ao Espírito Santo. A demonização de algo santo torna impossível que esta santa inspiração entre em mim. A demonização do Espírito Santo impede que o Espírito Santo me cure e me dê o perdão.

O pecado contra o Espírito Santo nada tem a ver com a blasfêmia contra Deus ou com o fato de que continuamente caímos em pecado e não fazemos o que Deus quer de nós e o que corresponde à nossa essência humana. Muitas vezes as pessoas psicóticas acham ter admitido pensamentos negativos que surgiram na hora da Santa Comunhão. Elas se colocam assim, elas mesmas, sob pressão, pensando que qualquer pensamento negativo já seja um pecado contra o Espírito Santo.

Ao falar que o pecado contra o Espírito Santo não pode ser perdoado, Jesus não pretende afirmar que o perdão divino tenha limites. O perdão divino é ilimitado. Seu único limite é o coração da pessoa que se fecha. Enquanto a pessoa se fechar em si mesma demonizando o Espírito Santo, o perdão do amor divino não poderá chegar a ela. Tão logo ela para de demonizar o Espírito Santo, o perdão do amor divino voltará a jorrar para dentro do seu coração e apagar sua culpa. Então se realiza a experiência libertadora: Também este pecado pode ser perdoado.

# 24
## A porta estreita

Entrem pela porta estreita, porque é larga a porta e espaçoso o caminho que levam para a perdição, e são muitos os que entram por ela. Como é estreita a porta e apertado o caminho que levam para a vida, e são poucos os que a encontram! (Mt 7,13s.).

Na minha juventude, eu mesmo sempre entendi esta palavra de Jesus, extraída do Sermão da Montanha, no sentido de, na medida do possível, ter que observar à risca todos os mandamentos de Deus. De ter que esforçar-me para ser um bom cristão. E de que assim eu passaria pela porta estreita. Hoje em dia, meu modo de compreender é outro. O caminho largo não é um mau caminho, mas sim o caminho que todos seguem. Tornar-me uma pessoa madura significa que eu encontre o meu caminho. Devo encontrar a porta para o caminho certo para mim, no qual eu possa expandir o que Deus me presenteou.

Dois autores me ajudaram a descobrir o sentido desta passagem do Evangelho. Um deles é o místico alemão Johannes Tauler. Ele fala que todos temos de enfrentar uma passagem estreita. Só depois de passá-la a vida se renova e se alarga. Esta passagem é como um canal do parto, pelo qual temos de passar para renascer e assim reconhecer em nós e viver a imagem única e original de Deus. Temos de andar como que por um túnel, a fim de avançar em nosso caminho. Hoje em dia, porém, muita gente, pouco antes do túnel, pula para um outro trilho. E se este também leva a um túnel, as pessoas voltam a pular para outro trilho. Saltam de um método para outro para mudar de vida. Mas nunca passam pelo túnel. Desse modo, sua vida nunca chega à amplitude, nunca alcança a nova terra na qual elas poderiam ser elas próprias.

O outro autor é o escritor judeu Franz Kafka. Ele narra em sua parábola do palácio a história de um homem que, chegado ao palácio, deseja entrar pela porta de seus sonhos. Mas o porteiro não o deixa entrar. Ele então fica esperando, a fim de obedecer ao seu sonho. Pouco antes de morrer, o porteiro lhe diz: "Agora posso fechar a porta. Ela tinha sido feita somente para você". Há uma porta feita apenas para mim pessoalmente. É a que leva à vida.

Portanto, o que Jesus tinha em vista com a imagem da porta estreita e do caminho apertado não era que observássemos as leis. Ele queria, isto sim, encorajar-nos a seguir nosso caminho inteiramente pessoal. Para tanto, é necessário um certo esforço para encontrar a porta certa e evitar a passagem por qualquer outra porta. Pois cada pessoa é única e tem de viver sua vida única e não copiar a dos outros.

# 25
## Não a paz, mas sim a divisão

Vocês pensam que eu vim trazer a paz sobre a terra? Pelo contrário, eu lhes digo, vim trazer divisão. Pois, daqui em diante, numa família de cinco pessoas, três ficarão divididas contra duas, e duas contra três. Ficarão divididos: o pai contra o filho, e o filho contra o pai; a mãe contra a filha, e a filha contra a mãe; a sogra contra a nora, e a nora contra a sogra (Lc 12,51-53).

Não é somente no Natal que falamos da paz que Jesus nos trouxe, embora o façamos de modo muito intenso naquela ocasião: Afinal, é o que os anjos anunciam na noite de Natal: Paz na terra. Lucas descreve Jesus como o verdadeiro portador da paz, que traz a paz através do amor e não, como o Imperador Augusto, através do poderio militar. Contudo, na passagem em epígrafe, Lucas parece ter uma visão bem diferente de Jesus. Jesus não vem trazer a paz, mas sim divisão. Não será uma contradição? Ou será que deveremos entender de outra forma esta palavra de Jesus? Certamente Jesus não está querendo aqui justificar conflitos na família. Só podemos compreender esta afirmação de Jesus considerando a situação da família naquela época. A família era um associação estreita da qual ninguém podia sair. Quando as pessoas ficam demasiado juntas, não há paz verdadeira, pois esta deriva da liberdade e da possibilidade, para as pessoas, de distanciarem-se umas das outras. Quando a vida em conjunto fica determinada por uma simbiose, pode ocorrer que esta simbiose acabe por envenenar os indivíduos. Ele fica sem ar para respirar. Não consegue mais pensar e sentir livremente. Tudo o que ele pensa e sente está sob a influência do outro. A psicologia fala neste contexto de personalidades confluentes, indivíduos que não reconhecem linhas de demarcação entre um e outro. Ficam dependentes do outro em seu pensar e sentir. Já não têm uma posição própria, mas se deixam absorver pelo outro. Nesta situação, Jesus traz antes de tudo divisão. A divisão é necessária para que as pessoas possam realmente viver em paz umas com as outras. Qualquer outra coisa não passa de uma paz apenas na aparência. Não é uma paz entre pessoas livres, mas sim um caldo uniforme, do qual não surge energia alguma. Cada pessoa deve firmar-se sobre seus próprios pés. Só então poderá encontrar-se livremente com a outra pessoa e celebrar a paz com ela. Enquanto não se firmar sobre seus próprios pés, não poderá ter um autêntico relacionamento. Ainda hoje em dia isto pode constituir uma visão libertadora.

# 26
## O rico e o buraco da agulha

Então Jesus disse aos discípulos: "Eu garanto a vocês: um rico dificilmente entrará no Reino do Céu. E digo ainda: é mais fácil um camelo entrar pelo buraco de uma agulha, do que um rico entrar no Reino de Deus". Ouvindo isso, os discípulos ficaram muito espantados, e perguntaram: "Então, quem pode ser salvo?" Jesus olhou para os discípulos, e disse: "Para os homens isso impossível, mas para Deus tudo é possível" (Mt 19,23-26).

Muitos exegetas procuram abrandar a palavra de Jesus sobre o camelo e o buraco da agulha indicando que o buraco da agulha representa uma pequena entrada através do muro de Jerusalém. No entanto, o que Jesus pretende é justamente provocar os ouvintes: de um lado, este animal de grandes proporções e do outro, um buraco ínfimo. As palavras de Jesus são palavras de advertência. Jesus não quer dizer que uma pessoa que tenha mais dinheiro do que a média não possa, por isso mesmo, alcançar o Reino do Céu. Somente aquele que vê a si mesmo como rico, que fica apegado à sua riqueza, exclui-se do Reino de Deus, exclui-se do íntimo de sua alma, que é onde nele se encontra o Reino de Deus. Segundo C.G. Jung, a riqueza é um meio de fazer sobressair-se a máscara que usamos para esconder nossa deplorável personalidade. Quem utiliza a riqueza como máscara nunca penetrará no espaço interior da serenidade, onde Deus reina dentro dele.

A riqueza não é má em si. Mas quem não possui seu centro dentro de si, quem não se fundamenta em Deus, vai enchendo este buraco com riqueza cada vez maior. É um barril sem fundo. Nunca chegará ao fim. Colocará dinheiro no meio entre seu próprio ser e sua consciência. Definir-se-á a partir do dinheiro. Uma senhora disse-me a respeito de seu marido, uma pessoa bem-sucedida economicamente, que ele na conversa só fala de dinheiro e sucesso. E isso fez com que ela não conseguisse mais travar com ele uma conversação razoável. Ela já não alcança seu coração. Ele rompeu suas relações com o próprio coração, com seu próprio ser e, afinal de contas, com o Reino de Deus. Eis por que Jesus nos quer desafiar com sua palavra de advertência a não nos definirmos a partir da riqueza.

Mas a última palavra também é importante. Ele relativiza tudo desde o momento em que introduz Deus no jogo. Não devemos rejeitar um rico de modo definitivo. Para Deus, tudo é possível, e até mesmo fazer com que um rico se distancie interiormente de sua riqueza para então atingir seu ser autêntico e chegar ao Reino de Deus dentro de si.

# 27
## Odiar pai e mãe

Se alguém vem a mim, e não dá preferência mais a mim que ao seu pai, à sua mãe, à mulher, aos filhos, aos irmãos, às irmãs, até mesmo à sua própria vida, esse não pode ser meu discípulo (Lc 14,26).

À primeira vista, esta palavra de Jesus contradiz o quarto mandamento: "Honrar pai e mãe". Mas Jesus, aqui, não tem em mente o desprezo emocional dirigido contra pai e mãe. Pelo contrário, Ele utiliza nesta passagem uma linguagem que nós também conhecemos, em nossos sonhos. No sonho, o tema do ódio assoma quando nos sentimos por demais identificados com nossa família e, dada a profundidade de nosso vínculo com a família, já não ousamos mais sequer ser coerentes com o nosso modo de ser próprio. O tema do ódio no sonho é uma expressão da necessidade que temos de assumir nossa distância interior em relação aos pais e à família para assim podermos seguir fiéis ao nosso ser autêntico. Ser discípulo de Jesus significa – dito em termos psicológicos – escutar nossa voz interior e segui-la, ao invés de conformar-nos à expectativa da família.

Com estas palavras, Jesus não tenciona estimular-nos a um ódio externo nem justificar conflitos cotidianos em família. Conheço homens que brigam com sua mãe cada vez que a visitam. Eles pensam ter de agir deste modo para satisfazer sua liberdade interior. Porém, se eu tenho de entrar continuamente em conflito com uma pessoa, é porque ainda estou excessivamente ligado a ela, não me sinto livre dela. Sendo livre, estou em condições de deixar pai e mãe serem como são. E eu sigo meu caminho, mesmo assim. O conflito é frequentemente uma expressão da necessidade que sinto de justificar-me. Liberdade, porém, é liberdade relativamente a esta pressão por justificação. Eu deixo as pessoas e a mim mesmo como corresponde ao meu modo de ser. Ao compreendermos as palavras de Jesus como expressão de uma atitude interior, como possibilidade de distanciar-me interiormente da família, então estas palavras não nos incitam a um conflito externo, mas sim nos possibilitam uma atitude positiva para com os pais e irmãos. Frequentemente as pessoas não conseguem se tornar adultas e expandir sua energia criativa por não se terem desligado intimamente de seus pais. Ainda não se distanciaram suficientemente de seus pais para poderem viver realmente. Portanto, as palavras de Jesus querem encorajar-nos a seguir nosso próprio caminho. Certa vez, C.G. Jung declarou que Jesus, como nenhum outro fundador de religião, colocou a pessoa humana em seu próprio caminho pessoal e a desafiou a expandir sua personalidade única e singular. Podemos entender estas palavras como guia para este fim.

# 28
## A matança dos inocentes de Belém

Quando Herodes percebeu que os magos o haviam enganado, ficou furioso. Mandou matar todos os meninos de Belém e de todo o território ao redor, de dois anos para baixo, calculando a idade pelo que tinha averiguado dos magos. Então se cumpriu o que fora dito pelo Profeta Jeremias: *"Ouviu-se um grito em Ramá, choro e grande lamento: é Raquel que chora seus filhos, e não quer ser consolada, porque eles não existem mais"* (Mt 2,16-18).

Ao ouvirmos hoje em dia a história da matança dos inocentes de Belém, colocamo-nos a questão: Por que tiveram de morrer estas crianças, e por que Jesus escapou do assassínio ordenado por Herodes? Deus então admite a morte de tantos inocentes? Ocorre, entretanto, que tais perguntas são perguntas nossas e não, as que Mateus se colocou. O que Ele queria mostrar com esta história é algo totalmente outro: que Herodes não pode ser o verdadeiro rei de Israel. Pois se ele mata os filhos de Israel por causa de Jesus, ele prejudica o povo todo de Israel. Não são apenas as mães de Belém que lamentam, mas também a própria mãe de toda a estirpe, Raquel. Trata-se, portanto, de um acontecimento que atinge todo o povo de Israel. Para Mateus, com a matança dos inocentes cumpre-se a palavra do Profeta Jeremias: "Ouviu-se um grito em Ramá, choro e grande lamento: é Raquel que chora seus filhos, e não quer ser consolada, porque eles não existem mais" (Mt 2,18 = Jr 31,15). Em outras passagens bíblicas lê-se: Isto aconteceu para que se cumprisse a palavra do Senhor aos profetas. E neste caso está escrito simplesmente: Na matança dos inocentes decretada por Herodes cumpriu-se a palavra do profeta. Neste sentido, Mateus não pretende dar a Deus a responsabilidade por estes assassínios, mas exclusivamente ao Rei Herodes. Nossa interrogação sobre a justiça de Deus não cabe no quadro do interesse de Mateus em sua exposição. O que lhe interessa é unicamente o modo como Herodes prejudica seu próprio povo.

Eis por que não nos deveríamos colocar a questão da proporcionalidade dos meios. Mateus não tinha em vista os inocentes mortos, mas sim exclusivamente a crueldade do Rei Herodes, que tanto medo tinha desta Criança-Messias. Mateus seguramente também teve em vista a matança dos inocentes no Egito, tendo assim esta história de Moisés como pano de fundo para expor o destino de Jesus. Com efeito, Moisés foi salvo no momento em que o faraó manda matar todos os jovens hebreus. Esta é a mensagem: Deus protege aquele que Ele chama. A desgraça sofrida pelos demais constitui nesta história apenas o cenário para tornar mais evidente a salvação da criança escolhida.

# 29
## Senhor, eu não sou digno

Senhor, eu não sou digno de que entres em minha casa. Dize uma só palavra e meu empregado ficará curado (Mt 8,8).

Eis a cena descrita pelo Evangelista Mateus: um oficial romano, e, portanto, um pagão, chega a Jesus com o pedido de que Ele cure seu empregado, que ficou em casa, por sofrer de paralisia e padecer muitas dores. Jesus está disposto a ir a sua casa e curar o empregado. Mas o oficial retruca: "Senhor, eu não sou digno de que entres em minha casa. Dize uma só palavra e meu empregado ficará curado" (Mt 8,8).

A liturgia católica assumiu estas palavras e as destinou à oração da comunidade eucarística antes da Comunhão. Foi mudada uma única palavra na tradução para o latim. Ao invés de *"puer"* (empregado) passou a constar: *"anima mea"* (minha alma).

Em meus cursos encontro-me continuamente com pessoas que sentem dificuldade com estas palavras. Elas interpretam esta passagem de maneira a sentirem-se necessariamente sempre repletas de culpa e, por isso, indignas perante Deus. Compreendo muito bem a resistência de muita gente contra esse texto. É uma passagem que reabre velhas feridas. No entanto, qualquer tentativa de remanejar a expressão, por exemplo, alterando-a para: "Senhor, eu não sou digno de receber-te", leva, na minha opinião, para um caminho errado no trato de um texto bíblico. Aqui também vale o dito de Santo Agostinho: Quando a palavra nos incomoda, temos de debater-nos com ela durante o tempo necessário para passar a tratá-la com amizade. Considerando bem o texto bíblico, vemos que a pessoa aqui de modo nenhum é rebaixada. Pois o oficial romano pronuncia esta palavra com toda a autoconfiança, ao dizer a Jesus: "Como és judeu, não precisas preocupar-te em vir até minha casa, pois como tal tens um problema em entrar na casa de um pagão[6]. Pois eu também obedeço ordens e tenho soldados sob minhas ordens. E digo a um: vá, e ele vai; e a outro: venha, e ele vem; e digo ao meu empregado: faça isso, e ele faz". O oficial não se rebaixa perante Jesus. Mas ele se exprime, por um lado, com respeito perante o judeu Jesus, para o qual não é nada natural dirigir-se à casa de um pagão. Por outro lado, ele também demonstra delicadeza ao dizer que Jesus não precisa fazer para ele o esforço da longa caminhada. O oficial confia que Jesus, já com sua simples palavra, é capaz de curar seu empregado.

Ao colocar-nos estas palavras como prece antes da Comunhão, a liturgia nos oferece diversos significados:

---

6. Este versículo não consta na versão brasileira aqui usada, mas sim na versão alemã da "Bíblia em linguagem hodierna", traduzida e editada conjuntamente pela *Deutsche Bibelgesellschaft* (Sociedade Bíblica Alemã), *Katholische Bibelwerk e. V.* (Obra Bíblica Católica, Assoc. Reg.) e respectivas organizações germanófonas da Áustria e Suíça [N.T.].

Em primeiro lugar, que eu não me rebaixo, mas apenas confesso que, em Jesus, é o próprio Deus que vem a mim. Vejo a distância que há entre mim e Deus. Reconhecer isto é um aspecto da homenagem. Uma senhora chinesa contou-me que, para os chineses, esta palavra nada tem de problemático. Corresponde à norma chinesa de delicadeza. Também vivemos isto em nosso dia a dia. Quando alguém diz que deseja visitar-me, respondo que não é necessário, basta telefonar. Simultaneamente, posso exprimir desta maneira delicada também minha alegria com o fato de que esta pessoa deseja visitar-me.

E há mais um significado: O fato de o oficial ser pagão tem, para mim, um sentido figurado. Eu recebo a Comunhão tendo em mim todos os elementos pagãos de minha alma, com todas as partes pouco pias que estão em mim. E mesmo assim posso confessar com gratidão que este Jesus vem a mim, mesmo que eu nada tenha a apresentar.

Por fim, na palavra proferida antes da Comunhão também se expressa a força curativa da Comunhão. Ao receber Jesus, Ele me cura. Não cura meu empregado, mas sim a mim próprio: minha alma, com todos os padrões neuróticos, receios e complexos de inferioridade.

Ao discutirmos esse texto do Evangelho em um curso, um advogado evangélico disse, com toda autoconfiança: "Esta palavra é a minha predileta em toda a liturgia católica". Isto demonstra que ninguém, na liturgia, fala sem preconceitos ou experiências prévias. Mas se esta palavra nos incomoda, é porque ela nos está convidando a levar em conta feridas antigas e deixá-las curar, ao invés de recuar à situação de vítima e assim permanecer. A irritação sobre esta palavra é um convite a despedir-se das antigas ofensas recebidas e a curvar-se ao verdadeiro sentido desta palavra. Esta palavra exprime a experiência de que Deus, justamente, não está no mesmo nível em que estamos e que, portanto, temer a Deus faz parte da dignidade humana.

Desse modo, a palavra tem o sentido de agradecimento porque o próprio Deus, em Jesus, entra na minha casa para curar minha alma.

# 30
## Para que olhem, mas não vejam

Para vocês foi dado o mistério do Reino de Deus; para os que estão fora tudo acontece em parábolas, para que olhem, mas não vejam, escutem, mas não compreendam, para que não se convertam e não sejam perdoados (Mc 4,11s.).

Um leitor chamou-me a atenção para esta passagem dizendo não entender sua lógica: Jesus narra suas parábolas a fim de que as pessoas não se convertam. Segundo o leitor, esta afirmação é profundamente não cristã. Eis por que tentarei compreender esta palavra de Jesus e a interpretação que oferece o Evangelista São Marcos. Ela está no contexto de uma resposta à interrogação de seus discípulos quanto ao sentido das parábolas.

Em primeiro lugar coloca-se a questão da tradução. A expressão "Tudo acontece em parábolas" também pode ser traduzida da seguinte maneira: "Tudo fica enigmático para eles". Neste sentido fica claro que os discípulos entendem as parábolas, ao passo que outras pessoas não se deixam tocar por elas. Tudo lhes permanece enigmático. Jesus fala de quem fica de fora. Não quer dizer que Jesus os queira excluir. O que este dito tem em vista são as pessoas que simplesmente vivem fora. Para quem se encontra separado de seu coração, para quem se esvai em exterioridades, as palavras permanecem enigmáticas. Tal pessoa não consegue compreendê-las. Trata-se de uma advertência também para nós. Temos muitas dificuldades com as palavras de Jesus porque vivemos excessivamente no lado de fora. Não temos nenhum relacionamento com nosso coração. Só é possível compreender as palavras de Jesus para a pessoa que as escuta com o coração. Para quem se detém em exterioridades é válido afirmar que vê sem compreender; que escuta, mas não entende.

A tradução desse texto adota para a última frase o sentido de que se trata de uma intenção de Jesus: "Para que olhem, mas não vejam, escutem, mas não compreendam, para que não se convertam e não sejam perdoados" (Mc 4,12). Assim fica difícil entendermos. Afinal, Jesus não pode anunciar sua Boa--nova para que nós não nos convertamos. Sua mensagem tem em vista nossa conversão e a promessa de que Deus nos perdoa os pecados. Ocorre que a palavra grega *"mepote"* também pode ser traduzida por "a não ser que". Neste sentido, a palavra de Jesus deixa aberta para as pessoas a possibilidade de conversão. Muitas pessoas, as que vivem fora, não compreendem a palavra de Jesus, a não ser que se convertam. Desse modo, a palavra de Jesus nos serve de advertência para que mudemos a forma de pensar. Se considerarmos suas palavras e as compreendermos de outra forma, elas nos introduzirão, tal como aos discípulos, no Reino de Deus. Então se nos desvelará o segredo de nossa própria vida e o segredo de Deus. E através das parábolas entreveremos quem Deus é e quem nós somos.

# 31
## Muitos são chamados, e poucos são escolhidos

O Reino do Céu é como um rei que preparou a festa de casamento do seu filho. E mandou seus empregados chamar os convidados para a festa, mas estes não quiseram ir. O rei mandou outros empregados, dizendo: "Falem aos convidados que eu já preparei o banquete, os bois e animais gordos já foram abatidos, e tudo está pronto. Que venham para a festa". Mas os convidados não deram a menor atenção; um foi para o seu campo, outro foi fazer negócios, e outros agarraram os empregados, bateram neles, e os mataram. Indignado, o rei mandou suas tropas, que mataram aqueles assassinos, e puseram fogo na cidade deles. Em seguida, o rei disse aos empregados: "A festa de casamento está pronta, mas os convidados não a mereceram. Portanto, vão até as encruzilhadas dos caminhos e convidem para a festa todos os que vocês encontrarem". Então os empregados saíram pelos caminhos, e reuniram todos os que encontraram, maus e bons. E a sala ficou cheia de convidados. Quando o rei entrou para ver os convidados, observou aí alguém que não estava usando o traje de festa. E lhe perguntou: "Amigo, como foi que você entrou aqui sem o traje de festa?" Mas o homem nada respondeu. Então o rei disse aos que serviam: "Amarrem os pés e as mãos desse homem, e o joguem fora na escuridão. Aí haverá choro e ranger de dentes".

Porque muitos são chamados, e poucos são escolhidos
(Mt 22,2-14).

Martinho Lutero qualifica de "terrível Evangelho" o que relata a festa nupcial do filho do rei. A seu modo de ver, o Deus que joga os convidados à mais extrema escuridão não pode ser o Pai de Jesus Cristo. Talvez sejam muitos os que têm semelhante percepção desse texto. No entanto, as parábolas de Jesus são uma espécie de terapia. Ele deseja nos libertar, tanto de uma autoconcepção errada como de uma imagem de Deus também errônea. Ao abrir-nos os olhos para nossa realidade, Ele nos liberta para o nosso verdadeiro eu. Nas parábolas estão presentes sempre dois polos: O polo fascinante e o polo provocador. Jesus fascina seus ouvintes. Ele sabe evidentemente contar histórias de maneira admirável. De dar água na boca dos ouvintes, por assim dizer, ao ouvirem que bois e animais já foram abatidos para a festa de casamento do filho. Mas em cada parábola também existe um ponto que nos incomoda. É justamente onde Jesus nos quer dizer: Aqui você se está vendo de modo errado e está com uma imagem falsa de Deus dentro de si.

É possível interpretar de várias maneiras esta parábola. Jesus tem em vista os sumos sacerdotes e os fariseus, ou seja, os círculos responsáveis do judaísmo, que não levaram em conta a mensagem dos profetas e a dele mesmo. Por isso, Jesus voltou-se aos pecadores e convidou-os para o Reino de Deus. Mateus interpretou a parábola no contexto da situação da Igreja no século I. Nela havia pessoas responsáveis que julgavam serem posses e sucesso mais importantes do que a mensagem de Jesus. Por isso sua mensagem dirige-se justamente também à gente simples, boa ou má. Confirma-se aqui mais uma vez a visão própria de Mateus sobre a Igreja. A Igreja não é uma Igreja perfeita, mas sim constituída por pessoas boas e más, por santos e pecadores.

Na minha própria interpretação, desejo seguir o teólogo Orígenes, grande Padre da Igreja em seus primórdios. Para ele, a parábola indica para o ser humano o caminho da perfeição como uma festa espiritual de casamento entre Cristo enquanto noivo e a alma enquanto noiva. Assim, a parábola descreve de que modo nossa vida será bem-sucedida e ao mesmo tempo onde reside o perigo. Deus nos convida para a festa de casamento de seu Filho. Casamento significa sempre que os contrários se unem. Jesus celebra casamento conosco. Com sua encarnação, Ele deseja interligar em nós tudo aquilo que não conseguimos juntar. Mas há resistência em nós contra este convite. Preferimos ir para nosso terreno ou cuidar de nossos negócios. Nossas posses e nosso êxito nos são mais importantes do que o caminho da perfeição. Preferimos esvair-nos em exterioridades, ao invés de arriscar o caminho para dentro de nós. E às vezes agimos como os convidados da parábola. Reduzimos ao silêncio a voz interior com que Deus nos convida a entrar em nosso íntimo. Nós fazemos com que ela cale. Preferimos viver fora. Os leves impulsos que buscam levar-nos a nos compenetrar nos tornam inseguros. Mas Deus é paciente. Ele nos envia seus mensageiros mais uma vez. Bate à porta de nosso coração. E agora convida todos, bons ou maus. Não desiste. Sabe o que há em nosso íntimo, não só de bom, mas também de mau; não apenas tendências amáveis, mas também agressivas e destrutivas; não unicamente fiéis, mas também descrentes e ateus.

Entretanto, Ele não tem receio de entrar em contato com o mal em nós. Estamos convidados com tudo o que há em nós para participar da festa de casamento.

De repente, porém, altera-se o ambiente da parábola. Todos os convidados encontram-se no salão de festas, tanto os bons como os maus. E nisto, o rei nota um homem sem o traje de festa. Com este, ele decide um tratamento rigoroso. Manda que o amarrem e o lancem à extrema escuridão. Lá haverá choro e ranger de dentes. Que sentido tem tudo isto? Em Israel, era comum que os enviados do rei providenciassem para os convidados um traje de festa a ser vestido na festa de casamento. Mas este homem recusa o traje. Ele vai para a festa vestido do modo como estava. Não leva em consideração a honra do anfitrião nem o caráter festivo da ocasião a obrigar o uso de um traje especial. Somos convidados para a festa com tudo o que somos. A única condição que Deus nos coloca é que tratemos com respeito seu convite. Tenho de eliminar de mim todo mal. Minha tarefa consiste em vestir o traje de festa. Para os Padres da Igreja trata-se do traje de Cristo que recebemos com o Batismo. Tudo o que há em nós, inclusive o mal, devemos colocar junto a Cristo. Assim, Ele poderá transformá-lo. O mal consiste, de um lado, em todos os ferimentos que padecemos e que projetamos aos outros. O mal é o que há de força destrutiva em nosso inconsciente. Ao encobrirmos o mal com o traje de Cristo, com o traje da graça e do amor, os ferimentos transformam-se em pérolas. Em vez de ficarmos ofendidos, vamos compreender os outros em seus ferimentos, vamos ajudá-los. E a escuridão em nós se iluminará, tornando-se uma fonte de vida para nós. Se, porém, eu quiser reagir ao mal lançando-o para fora, então ficarei preso pelas mãos e pés e eu mesmo serei jogado à extrema escuridão por este mal, que me estraçalhará por dentro e me levará a chorar e a ranger meus dentes. Se eu não me dispuser a olhar de frente para minha verdade pessoal e assim apresentá-la a Deus, ela se tornará para mim uma fonte de sofrimento. Minha vida se transformará em choro e lamento. O mal será uma fonte de tristeza e choro, de desespero e absurdidade. Somente lançando sobre o mal o manto do amor e deixando que o amor de Cristo penetre em todos os cantos de minha alma poderei festejar o banquete de meu caminhar rumo à perfeição. Então tudo em mim estará pleno de Deus.

# 32
## As virgens prudentes e as virgens tolas

Naquele dia, o Reino do Céu será como dez virgens que pegaram suas lâmpadas de óleo, e saíram ao encontro do noivo. Cinco delas não tinham juízo, e as outras cinco eram prudentes. Aquelas sem juízo pegaram suas lâmpadas, mas não levaram óleo consigo. As prudentes, porém, levaram vasilhas com óleo, junto com as lâmpadas. O noivo estava demorando, e todas elas acabaram cochilando e dormiram. No meio da noite, ouviu-se um grito: "O noivo está chegando. Saiam ao seu encontro". Então as dez virgens se levantaram, e prepararam as lâmpadas. Aquelas que eram sem juízo disseram às prudentes: "Deem um pouco de óleo para nós, porque nossas lâmpadas estão se apagando". As prudentes responderam: "De modo algum, porque o óleo pode faltar para nós e para vocês. É melhor vocês irem aos vendedores e comprar". Enquanto elas foram comprar óleo, o noivo chegou, e as que estavam preparadas entraram com ele para a festa de casamento. E a porta se fechou. Por fim, chegaram também as outras virgens e disseram: "Senhor, Senhor, abre a porta para nós". Ele, porém, respondeu: "Eu garanto a vocês que não as conheço". Portanto, fiquem vigiando, pois vocês não sabem qual será o dia, nem a hora (Mt 15,1-13).

Provavelmente, poucas parábolas tiveram tanta repercussão no modo de interpretar e na história da arte, como a das dez virgens. Já no século IV as virgens prudentes foram representadas em um afresco em Roma. As virgens prudentes e as sem juízo aparecem nos portais dedicados à Virgem Maria, em estilos românico e gótico. Ao que se vê, as virgens prudentes e as insensatas ensejavam aos espectadores e leitores a possibilidade de se identificarem com elas. A parábola é uma alusão aos costumes nupciais dos judeus, mas também contém elementos que os contradizem naquele tempo. É este o caso das portas fechadas. Pode-se interpretar a parábola de diversos modos. Eu a vejo como uma descrição do juízo final ou também de meu próprio encontro com Cristo, o noivo, na hora de minha morte. Neste sentido, a parábola representa, para mim, uma advertência no sentido de viver de maneira consciente e de esperar vigilante a vinda de Jesus. Mas também posso interpretá-la na perspectiva da chegada de Jesus a cada momento. Sempre que Ele vem, festeja núpcias comigo e eu me harmonizo inteiramente comigo mesmo, conciliando em mim todas as propriedades opostas – homem e mulher, luz e sombra, dia e noite, Deus e homem. Celebro então a festa da minha autorrealização e da unificação com Deus. Este é o objetivo de minha vida. Um objetivo impregnado de alegria, festa e celebração. A parábola descreve assim o caminho para a festa de minha autorrealização.

Dez virgens põem-se a caminho para ir de encontro ao noivo e conduzi-lo à noiva. Levam consigo tochas ou vasilhas, "presas a uma vara nas quais provavelmente ardiam panos ensopados em óleo" (LUZ, 3, p. 471). Essas tochas ficavam acesas durante um breve período. Era necessário acrescentar óleo continuamente para que continuassem iluminando por mais tempo. As virgens ficaram esperando o noivo provavelmente na casa da noiva. Ao ouvirem a chamada para o noivo chegando, elas aprontam suas tochas. Só então as virgens imprudentes percebem não terem trazido consigo o óleo necessário e assim suas tochas ficam apagadas ou brilham apenas por pouco tempo. Segundo alguns exegetas, foram utilizadas iluminações a óleo que ficaram acesas durante todo o tempo, e as virgens sem juízo acharam que o noivo não iria tardar. Outros exegetas assumem que as virgens usaram tochas que só foram acesas após a chamada para a vinda do noivo, e só então as imprudentes se deram conta de não terem óleo consigo. Por conseguinte, não puderam participar até o fim da dança em honra ao noivo. No caso dos exegetas mencionados em primeiro lugar, a tolice consiste em não contar com o tardar da volta de Cristo. No segundo caso, o imprudente será o viver cotidiano irrefletido, sem cuidar do que é importante para minha tarefa, preparando as tochas somente pela metade e sendo pouco confiável. Eu, pessoalmente, prefiro esta segunda intepretação. As virgens prudentes preparam-se diligentemente para a dança em honra ao noivo, ao passo que as outras se contentam com um preparo displicente e sem grande convicção.

A contraposição entre prudente e sem juízo é típica nas parábolas de Jesus. Veja-se, por exemplo, o homem sábio e o estulto, ambos a construírem sua casa, mas um sobre rocha e o outro, sobre areia (Mt 7,24-27). Ou o homem rico e insensato que não considera a possibilidade de uma morte precoce (Lc 12,16-21). Ou o administrador injusto, mas louvado por ser esperto (Lc 16,1-18). A palavra grega para designar "estulto" é "*moros*" e significa originariamente "tacanho, tolo". É usada no caso de um agir inadequado à realidade ou irrefletido. A tolice pode ser de uma força capaz de confundir o intelecto e levar a pessoa a um comportamento aloucado (BERTRAM, p. 837s.). A expressão grega para "prudente" é *"phronimos"* e deriva de *"pfhrenes"* (diafragma, o interior da pessoa, consciência, intelecto). As virgens sensatas são, portanto, aquelas que se deixam conduzir pela visão interior, que são dotadas de bom-senso. Para Platão, a pessoa inteligente e sensata também é uma pessoa de bem, ao passo que o tolo é do mal. A pessoa sensata orienta sua mente para o divino. Na parábola, as virgens insensatas são as que fecham seus olhos à realidade, ao passo que as inteligentes avaliam a situação corretamente. Para estas, a realidade externa é reflexo da realidade interior, uma imagem de seu relacionamento com Deus.

Ao expor sua parábola no contexto dos hábitos nupciais judaicos, Jesus seguramente fez com que os ouvintes prestassem bem atenção. A narrativa de um casamento sempre leva o coração do ouvinte a pulsar mais forte. Com seu modo de contar histórias, Jesus cativa os ouvintes. Mas, de repente, Jesus descreve de modo estranho esta cena nupcial, provocando seus ouvintes. Ele os torna ainda mais curiosos para o que vai dizer, chegando mesmo a irritar alguns, ao afirmar que as virgens sensatas se recusaram a partilhar seu óleo com as insensatas. Ainda hoje muitos ouvintes reagem a este modo de comportar-se com uma condenação moral. Por que as virgens sensatas negam seu óleo às insensatas? Isso é egoísmo. Elas deviam partilhar com as outras a sua alegria. No entanto, Jesus não dá uma apreciação sobre a conduta das virgens sensatas. Esta é o que é, simplesmente. Com sua parábola, Jesus faz um apelo aos ouvintes: "No momento em que tudo se decide, vocês não podem contar com os outros. Vivendo inconscientemente, vocês não podem desresponsabilizar-se deixando para outrem a tarefa de abrir os olhos de vocês". Trata-se de uma parábola de advertência, a ser interpretada como sonho que serve de aviso. Nele, não se dá uma justificativa para o comportamento de outrem, mas sim um esclarecimento sobre a consequência do comportamento próprio. Se eu vivo cada dia de maneira irrefletida, acabarei pego desprevenidamente no momento decisivo.

Desde muito tempo os exegetas se colocaram a questão de como interpretar o significado do óleo. Muitos apontaram para as boas obras que devem ser acrescentadas à fé (simbolizada pelas tochas). Santo Agostinho dá a interpretação de que o óleo representa a atitude que pauta o agir do cristão. O óleo é para ele a imagem do amor. Minha atitude não é algo que eu possa partilhar com outras pessoas. As virgens sensatas não podem partilhar com as insensatas o seu amor. Posso dividir com outras pessoas pão e vinho, bens materiais e imateriais. Mas não posso outorgar a outrem minha atitude, minha maneira de pensar. A atitude é uma tarefa de cada um ou cada uma. Dessa forma, a atitude é, para Santo Agostinho, uma advertência para que despertemos em nós o amor que já está dentro de nós, mas do qual frequentemente nos afastamos. Uma senhora que havia refletido sobre o óleo no contexto de sua vida fez uma observação às pessoas de seu círculo de conversação: Com óleo se refina o gosto de uma refeição ou se unta o corpo de uma pessoa. Segundo esta participante da roda de conversa, Jesus permitiu com esta parábola que cada um se conceda algum prazer ao lidar consigo mesmo, ao invés de andar por aí constantemente com um remorso de consciência. Cada pessoa interpretará o sentido do óleo da maneira que corresponde às experiências que teve. E é legítimo que cada pessoa medite sobre esta parábola, nela inserindo sua visão a partir do horizonte de suas experiências de vida.

As virgens sensatas remetem as insensatas aos vendedores, dos quais deverão comprar o óleo. Desde Santo Agostinho se vem interpretando com ironia esta convocação das virgens sensatas. Pois à noite não é possível fazer compras junto aos vendedores. As lojas estão fechadas. Jesus, então, estaria querendo dizer: No momento decisivo, não podemos comprar o que deixamos de preparar em nosso íntimo. Amor não se compra. Ele tem de crescer dentro de nós. Temos de trabalhá-lo para que ele possa orientar todo o nosso agir. Outros exegetas, porém, partem da hipótese de que, no caso de uma festa nupcial, toda a aldeia está alvoroçada e que, por isso, também será possível comprar óleo dos vendedores. Neste caso, o ponto principal da assertiva seria o que se refere ao atraso. Quando não vivo o momento presente, quando não considero com sensatez o que ocorre ao chegar a vez, então chego tarde para o que decide a vida.

As virgens insensatas se veem diante das portas fechadas. Normalmente, a casa nupcial judaica fica aberta para todos os convidados. Pode-se lá chegar a qualquer momento. Portanto, este tema referente ao atraso é causa de irritação nesta narrativa da festa nupcial. Mas note-se ser este um tema importante que ocorre frequentemente em nossos sonhos. Chegar atrasado significa no sonho que ainda estou preso a problemas de meu passado, que ainda estou muito ocupado com ofensas ou ferimentos do passado e que, por isso, não sou capaz de viver o momento presente. E as portas fechadas indicam que estou sem relacionamento com meu íntimo, com meu verdadeiro eu. No judaísmo, portas fechadas significam proverbialmente oportunidades perdidas (GNILKA, p. 352). Sonhar que cheguei atrasado ou encontrei portas fechadas não significa que isto sempre deva ser assim. Ao contrário, trata-se de sonhos com a característica de advertência, destinados a instar para que eu acorde, que viva o momento presente e que assim retome o contato com minha alma e meu coração. Ao ficar andando muito longamente por aí afora, no mundo, sem relação comigo mesmo, então pode acontecer que eu chegue tarde demais. Vivo de tal forma afastado de mim mesmo, que acabo por não poder mais estabelecer nenhum relacionamento. E para que não cheguemos a tanto, Jesus Cristo nos conta esta parábola.

Devemos ficar vigilantes, viver o momento presente. Devemos abrir os olhos para reconhecer a realidade como ela é. E devemos ser sensatos. Os Padres da Igreja compreendem a sensatez como a atitude que nos leva não só a escutar as palavras de Jesus, mas também a segui-las. Foi neste sentido que o Evangelista Mateus colocou no final do Sermão da Montanha a Parábola do Homem Inteligente que construiu sua casa sobre a rocha. Para Mateus, a vida cristã nunca tem o significado de seguimento de uma ideia qualquer, mas sim o de cumprir concretamente no cotidiano as palavras de Jesus e responder-lhe com as obras do amor. Portanto, sua mensagem nesta parábola é de que fé e obras constituem uma unidade. A fé precisa expressar-se, pois de outra forma ela se esvai.

# 33
## O empregado inútil

Acontecerá como um homem que ia viajar para o estrangeiro. Chamando seus empregados, entregou seus bens a eles. A um deu cinco talentos, a outro dois, e um ao terceiro: a cada qual de acordo com a própria capacidade. Em seguida, viajou para o estrangeiro. O empregado que havia recebido cinco talentos saiu logo, trabalhou com eles, e lucrou outros cinco. Do mesmo modo o que havia recebido dois lucrou outros dois. Mas aquele que havia recebido um só, saiu, cavou um buraco na terra, e escondeu o dinheiro do seu patrão. Depois de muito tempo, o patrão voltou, e foi ajustar contas com os empregados. O empregado que havia recebido cinco talentos entregou-lhe mais cinco, dizendo: "Senhor, tu me entregaste cinco talentos. Aqui estão mais cinco que lucrei". O patrão disse: "Muito bem, empregado bom e fiel! Como você foi fiel na administração de tão pouco, eu lhe confiarei muito mais. Venha participar da minha alegria". Chegou também o que havia recebido dois talentos, e disse: "Senhor, tu me entregaste dois talentos. Aqui estão mais dois que lucrei". O patrão disse: "Muito bem, empregado bom e fiel! Como você foi fiel na administração de tão pouco, eu lhe confiarei muito mais. Venha participar de minha alegria". Por fim, chegou aquele que havia recebido um talento e disse: "Senhor, eu sei que tu és um homem severo pois colhes onde não plantaste, e recolhes onde não semeaste. Por isso, fiquei com medo, e escondi o teu talento no chão. Aqui tens o que te pertence!"

O patrão lhe respondeu: "Empregado mau e preguiçoso! Você sabia que eu colho onde não plantei e que recolho onde não semeei. Então você devia ter depositado o dinheiro no banco, para que, na volta, eu recebesse com juros o que me pertence". Em seguida, o patrão ordenou: "Tirem dele o talento, e deem ao que tem dez. Porque a todo aquele que tem, será dado mais, e terá em abundância. Mas daquele que não tem, até o que tem lhe será tirado. Quanto a esse empregado inútil, joguem-no lá fora, na escuridão. Aí haverá choro e ranger de dentes" (Mt 25,14-30).

A Parábola dos Talentos suscita mal-estar em muitos ouvintes. Instintivamente, sentem compaixão com o terceiro empregado, que ficou com as mãos abanando, pois recebera um só talento e ainda por cima foi castigado por isso. Jesus conscientemente convida seus ouvintes a solidarizarem-se com o terceiro empregado a fim de abrir-lhes os olhos para a maneira com que a vida pode [ao contrário do ocorrido com este] realmente ser bem-sucedida. Se nós fizermos como o terceiro empregado, enterrando o talento, estaremos furtando-nos à vida. Demasiado frequentemente, esta parábola tem sido abusada por maus intérpretes. Professores a têm instrumentalizado para incitar os alunos a um melhor desempenho, desenvolvendo seus talentos. Mas não é desempenho o que Jesus tem em vista com esta parábola, mas sim confiança e receio. Os dois primeiros empregados administram os talentos que lhes foram confiados. Mas não receberam a recompensa por seu desempenho, e sim por sua confiança. Pois quem administra dinheiro sempre corre o risco de perder dinheiro. Não há administração sem risco. Quem tem medo do risco, enterra seu talento, como fez o terceiro empregado. A parábola nos conta exatamente por que razão o terceiro empregado enterrou seu talento.

O primeiro motivo: ele sente-se discriminado, sofrendo desvantagem em comparação com os demais empregados. Recebeu menos do que eles. Compara-se com eles e recusa-se a viver sua vida por não ter sido contemplado da mesma maneira que as demais pessoas de seu relacionamento.

A segunda razão por que ele enterra seu talento consiste na imagem que tem de Deus: "Senhor, eu sei que tu és um homem severo pois colhes onde não plantaste, e recolhes onde não semeaste. Por isso, fiquei com medo, e escondi o teu talento no chão". O terceiro empregado tem a ideia de um Deus castigador e julgador, um senhor rigoroso que não deixa escapar nenhum erro. Ele tem medo de um Deus assim. Jesus quer declarar aos ouvintes: "Se você tem um conceito tão negativo de Deus, se você o imagina como um contador severo e um Deus arbitrário que colhe o que não semeou, então sua vida será desde já uma vida de choro e ranger de dentes. E se você tem medo de Deus, este medo já vai lhe paralisar agora mesmo e obstaculizar seu viver. Uma imagem doentia de Deus faz com que você também adoeça".

O terceiro motivo que leva o último empregado a enterrar o seu talento é a mentalidade presa a preocupações de segurança. Por sentir-se desprivilegiado, não quer de modo nenhum perder o que tem. E não quer cometer nenhum erro para que ninguém possa criticá-lo. Mas justamente por não querer fazer nenhum erro, ele faz tudo errado. Exatamente por querer controlar tudo, sua vida fica descontrolada. Por querer segurar-se em si mesmo e em seu talento, acaba perdendo tudo, seu talento e a si mesmo.

Seu senhor caracteriza este empregado como "mau e preguiçoso": Por motivo de medo, ficou sem empreender coisa alguma. É hesitante e medroso, não consegue decidir-se por nada. O senhor lhe faz a objeção de que poderia ter reagido de outra forma à imagem que faz de seu chefe como um senhor rigoroso. Ele teria podido levar seu dinheiro ao banco. Teria ganho juros. Estes chegariam, no máximo, a 12% e propiciariam mesmo assim um modesto lucro. Mas como o empregado se revelou incapaz de lidar com dinheiro, o talento lhe é tirado e dado ao outro que já possui dez talentos. É o que causa irritação para muitos ouvintes. Muitas vezes ouço a seguinte reação: "Isto é de fato injusto. O empregado já estava sendo tratado com desvantagem. Ele nada podia fazer contra isso. E agora tudo lhe é tolhido". Mas com esta reação Jesus pretende chamar a atenção para as consequências da mentalidade apegada a escrúpulos de segurança. Quem é tão medroso como o terceiro empregado destrói a si mesmo, priva-se da própria vida, recusa-a. Sua vida agora não é nada mais do que choro e ranger de dentes.

Nesta narrativa, o Evangelista Mateus certamente via na figura do senhor o próprio Jesus, que com sua ascensão ao céu deixou os homens para voltar glorioso no final dos tempos. Os escravos são os cristãos a quem Deus confiou sua fortuna. E nesta fortuna deixada em confiança manifesta-se a dignidade própria de cada pessoa humana. Deus confiou a cada pessoa alguma coisa.

Na tradição da Igreja tem havido vários modos de entender os talentos. Para Orígenes, eles simbolizam a Palavra de Deus. Os cinco talentos representam nesta visão o entendimento eclesial da Escritura, os dois talentos indicam pessoas que, a par da letra textual, também compreendem o espírito do texto. E o talento único significa que alguém se detém apenas na letra. Em outras interpretações os cinco talentos são símbolos dos cinco sentidos que as pessoas receberam de Deus. Na Idade Média designavam-se como talentos todos os dotes e carismas que Deus concedeu a homens e mulheres. E a multiplicação dos talentos era tida como símbolo de um aprofundamento na compreensão da Sagrada Escritura ou também como uma imagem do amor, esta fonte de fecundidade para nossa vida. E já na Idade Média se considerava o ato de enterrar os talentos como sinal de medo. Quem tem medo, vive rodando em torno de si mesmo. Esta pessoa não é livre para doar-se no amor.

Para mim, esta parábola é um convite a vivermos baseados na confiança, e não no medo. Quem fica sempre cuidando ansiosamente de não cometer erro de jeito nenhum acaba por fazer tudo errado. Ele ou ela organiza para si mesmo, ou para si mesma, uma vida no inferno do medo. Quem, por receio, tem tudo sob controle, frequentemente passa a noite rangendo os dentes, pois tudo o que fica recalcado pelo medo volta à tona durante a noite. E a pessoa então volta a reprimir pela força o que assoma à consciência. Deste modo, a vida desta pessoa fica marcada por choro e ranger de dentes. Por que razão Jesus emprega metáforas tão drásticas? Ao que tudo indica, Ele teve de levar ao absurdo esta atitude medrosa porque naturalmente sentimos compaixão diante dela. Temos em nós a tendência de apiedar-nos de nós mesmos. De sentirmo-nos desprivilegiados. Tudo é tão difícil. Não conseguimos viver direito com o pouco que recebemos. Jesus, porém, deseja libertar-nos desta atitude, pintando com vivas cores as consequências deste posicionamento mental básico. Nesta parábola, Ele procura libertar-nos do medo lançando mão do próprio medo, a fim de que aceitemos trilhar o caminho da confiança e do amor.

Em grupos de conversação sou frequentemente interpelado a responder por que esta parábola é tão provocadora. E sempre respondo então: Se Jesus tivesse falado somente de modo brando, nós apenas nos refestelaríamos na poltrona e concordaríamos com Ele. Mas suas palavras ficariam sem nenhum efeito em nós. Justamente por provocar-nos, Ele nos incita a discutir veementemente sobre como chegar realmente a uma vida bem-sucedida. No meu modo de ver, fica clara nesta parábola, igualmente, a sabedoria de Jesus no lidar com pessoas que se desvalorizam a si mesmas e, em comparação com outrem, se sentem de menor valia. Um amigo meu, psicólogo de formação, contou-me que uma certa senhora considerava ruim tudo o que tinha em si mesma. Ele procurava levantar seu ânimo e ressaltar os aspectos positivos. Mas quanto mais ele tentava, tanto mais ela se desvalorizava. Nisto ele teve a inspiração de reforçar ainda mais as afirmações negativas da senhora. De repente, ela se rebelou e disse: "Que ideia é essa que o senhor tem de me caracterizar desta maneira?" Às vezes é preciso corroborar na pessoa sua atitude catastrófica para assim finalmente fazê-la despertar e perceber o quanto errada é sua visão de si mesma. Da mesma maneira que este psicólogo, Jesus também deseja suscitar confiança em seus ouvintes descrevendo o medo até suas últimas consequências. E assim, pintando com cores vívidas os pontos fracos da pessoa, Ele a leva a descobrir seus pontos fortes. Deseja abrir os olhos de quem caiu em autocompadecimento para que deixe de girar em torno de si mesmo e cobre coragem para ousar viver sua vida.

# 34
## Os primeiros serão os últimos

De fato, o Reino do Céu é como um patrão, que saiu de madrugada para contratar trabalhadores para a sua vinha. Combinou com os trabalhadores uma moeda de prata por dia, e os mandou para a vinha. Às nove horas da manhã, o patrão saiu de novo. Viu outros que estavam desocupados na praça, e lhes disse: "Vão vocês também para a minha vinha. Eu lhes pagarei o que for justo". E eles foram. O patrão saiu de novo ao meio-dia e às três horas da tarde, e fez a mesma coisa. Saindo outra vez pelas cinco horas da tarde, encontrou outros que estavam na praça, e lhes disse: "Por que vocês estão aí o dia inteiro desocupados?" Eles responderam: "Porque ninguém nos contratou". O patrão lhes disse: "Vão vocês também para a minha vinha". Quando chegou a tarde, o patrão disse ao administrador: "Chame os trabalhadores, e pague uma diária a todos. Comece pelos últimos, e termine pelos primeiros". Chegaram aqueles que tinham sido contratados pelas cinco da tarde, e cada um recebeu uma moeda de prata. Em seguida chegaram os que foram contratados primeiro, e pensavam que iam receber mais. No entanto, cada um recebeu também uma moeda de prata. Ao receberem o pagamento, começaram a resmungar contra o patrão: "Esses últimos trabalharam uma hora só, e tu os igualaste a nós, que suportamos o cansaço e o calor do dia inteiro!" E o patrão disse a um deles: "Amigo, eu não fui injusto com você. Não combinamos uma moeda de prata? Tome o que é seu, e volte para casa. Eu quero dar também a esse, que foi contratado por último, o mesmo que dei a você. Por acaso não tenho o direito de fazer o que eu quero com aquilo que me pertence? Ou você está com ciúme porque estou sendo generoso?" Assim, os últimos serão os primeiros, e os primeiros serão os últimos (Mt 20,1-16).

Jesus domina a arte de narrar fazendo com que seus ouvintes o acompanhem atentamente e, ao mesmo tempo, suscitando uma tomada de posição. A Parábola dos Trabalhadores na Vinha é uma dessas histórias que não deixam ninguém indiferente. A maioria dos ouvintes reage irritada. Os empregadores dizem: "Eu é que nunca trataria assim meus trabalhadores. Quem assim procede não tem ideia alguma da vida de negócios hodierna". Os trabalhadores identificam-se com os operários da primeira hora e ficam ressentidos em relação aos que vieram trabalhar na última hora. Mas estas duas categorias sociais não são as únicas a incomodarem-se com esta parábola. Também cristãos que procuram observar os mandamentos de Deus, engajar-se na Igreja, cumprir com seus deveres de cristão ficam indignados com os que não respeitam os mandamentos e mesmo assim vão para o céu. Justamente quando uma parábola nos incomoda é que se nos coloca a possibilidade de mudar nosso modo de pensar. Com sua parábola Jesus vem buscar-nos lá onde nos encontramos. Ele nos desperta a curiosidade. E simultaneamente transforma nossa maneira de ver as coisas. Ele nos abre os olhos para o mistério da vida e para o segredo de Deus. Deus é totalmente diverso da maneira como o concebemos.

Ele age de maneira bem diferente da que dele esperamos. Sua justiça não é calculável como o sistema salarial de uma fábrica.

Jesus descreve uma situação cotidiana na Palestina daquele tempo. Um empresário agrícola procura trabalhadores sazonais para a sua vinha. Muitas fazendas grandes de então operavam com diaristas. Estes constituíam mão de obra mais barata do que a de escravos. O dia de trabalho inicia de manhã cedo. O empresário agrícola sabe onde encontrar trabalhadores. E busca na praça do mercado os que ele lá encontra para irem trabalhar em sua vinha. Combina com eles o salário de uma moeda de prata. Era o salário comum para o trabalho de um dia. Também era normal que o empregador voltasse à praça às nove da manhã para contratar novos operários. Mas o fato de ele retornar mais duas vezes em busca de novos trabalhadores já é um tanto estranho. Entretanto, é completamente fora do habitual regressar mais uma vez às cinco da tarde à procura de trabalhadores. É apenas uma hora antes do fim do horário de trabalho. É algo desprovido de valor econômico. O Evangelista Mateus alonga-se mais, ao descrever esta busca de operários por volta das cinco da tarde. Com isso, ele deixa claro que aqui reside o objetivo propriamente dito da parábola. Somente com estes trabalhadores o agricultor trava um diálogo: "Por que vocês estão aí o dia inteiro desocupados?" E eles responderam: "Porque ninguém nos contratou" (Mt 20,7).

Vê-se claramente que Jesus sabe contar histórias de modo a criar suspense. A narrativa fica ainda mais tensa ao dizer que, na hora do pagamento, os últimos serão contemplados em primeiro lugar. E a estes o proprietário da vinha paga o salário de uma moeda de prata. Um bom salário, ainda mais tendo em vista que o empregador nem tinha combinado salário algum com este último. E agora este salário desperta a cobiça dos primeiros contratados. Apesar de terem acertado o salário de uma moeda de prata, eles agora esperam receber mais. E reclamam por não pegarem mais do que uma moeda de prata. Ficam insatisfeitos e comparam-se com os outros trabalhadores com menos horas de serviço. A resposta deles está prenhe de simbolismo. E percebe-se que Mateus coloca esta palavra na boca de cristãos zelosos que se apoquentam pelo fato de Jesus convidar igualmente pecadores e de também haver lugar na comunidade cristã para pessoas que nada têm a apresentar. "Esses últimos trabalharam uma hora só, e tu os igualaste a nós, que suportamos o cansaço e o calor do dia inteiro!" (Mt 20,12). Deste modo de falar depreende-se o que orienta certos cristãos e como estes concebem sua vida. Não são gratos pelo fato de ter um trabalho, de levar uma vida bem-sucedida, mas, pelo contrário, comparam-se com outros. Não olham com gratidão para o que receberam, mas sim para os presentes que Deus dá para outros. Comparar-se com outros suscita inveja e cegueira para aquilo que é conveniente e bom para mim. Estes cristãos concebem sua vida como um peso e uma luta no calor do dia. Não veem o prazer de trabalhar, o sucesso, a colheita que lhes é dado fazer e usufruir. Ficam fixados no ônus, na dificuldade, no esforço que a vida traz consigo.

O agricultor dirige-se ao líder dos trabalhadores com a expressão habitual "Meu amigo". Recorda o que foi combinado. E faz a ele e ao leitor importunado com esta parábola a pergunta: "Por acaso não tenho o direito de fazer o que eu quero com aquilo que me pertence? Ou você está com ciúme porque estou sendo generoso?" (Mt 20,15). Esta questão fica encravada como um ferrão no coração do líder dos trabalhadores, mas também no coração dos ouvintes e leitores. Com esta interrogação, Jesus expõe sua própria natureza e a de Deus. Deus é bondoso. Mas sua bondade não pode ser objeto de cálculos. Ela é gratuita.

Alguns Padres da Igreja interpretaram esta parábola como uma imagem para o tempo de vida de cada um. Muitas pessoas são cristãos de nascença, outras convertem-se no início da juventude, outras na idade adulta ou até na velhice. E os Padres da Igreja admoestam os cristãos da primeira hora a não esmorecerem em seu zelo, e ao mesmo tempo dirigem aos que foram batizados tardiamente palavras de conforto e confiança. Cada qual deve seguir seu próprio caminho e servir a Deus no seu caminho pessoal, sem comparar-se com os outros. Como salário, todos recebem uma moeda de prata. Esta moeda de prata não é apenas o salário costumeiro daquela época, mas simultaneamente também um símbolo para a integralização pessoal e a unificação com Deus. Mais do que unificar-se com Deus, não é possível. Este é o objetivo da vida humana. O caminho para este fim é diferente para cada qual, mais curto para um, mais longo para o outro.

Esta interpretação foi uma tentativa de interpretar a parábola no contexto da respectiva época. Mas qual será o sentido desta parábola para hoje em dia?

Esta parábola coloca-me diante da questão de como conceber minha vida como cristão. Vejo minha vida apenas como um desempenho, como um trabalho penoso, ao passo que a vida propriamente dita deveria consistir em ficar por aí inativo? Ou tenho a sensação de que, através da comunhão com Cristo, minha vida ganha sentido e qualidade? O desafio posto pelo trabalho também traz à pessoa uma profunda paz interior, uma sensação de que, sim, a vida faz sentido. Quem fica por aí, na praça do mercado, sem fazer nada, seguramente não é feliz. Sua vida não tem sentido. Sente-se, no mais das vezes, supérfluo. Ser chamado, ser vocacionado, ser procurado, é nisto que consiste o valor de cada pessoa. Ao dedicar-me, sem comparar-me com outrem, ao trabalho que me é exigido, identifico-me comigo mesmo ao trabalhar, identifico-me ao mesmo tempo com Deus e com os homens. Mais não necessito para a vida. Porém, se deixo de fixar-me no que faço para fitar outrem e comparar-me com outras pessoas, fico cindido em mim mesmo, no meu íntimo, fico insatisfeito.

Ouço frequentemente falar de cristãos que consideram sua vida apenas como tempo de renúncia. Nesta perspectiva, os não cristãos têm maiores facilidades. Não necessitam ater-se a normas e podem simplesmente viver sua vida sem rumo. É esta visão que Jesus pretende questionar. Será que para o cristão a norma é o mais importante? Não consistirá o objetivo de minha vida viver com sentido, percorrer, em comunhão com Cristo, o caminho que me leva a tornar-me mais humano e "realizar" a própria luta com a vontade de Deus, o próprio trabalho em torno de meu eu, que já carrega em si o esperado salário? O salário não é algo de exterior a ser pago no final do dia, mas já está incluído numa vida com sentido. Ao mesmo tempo, Jesus nos quer preservar, com esta parábola, da ideia de podermos adquirir um salário de Deus. O decisivo é simplesmente deixar-se chamar por Deus. Não depende de nós o momento em que este chamado nos alcança. Não depende de nossa liberdade fixar a quantidade de trabalho ou esforço a empreender. Isto é assunto de Deus. O ponto decisivo é que deixemos de comparar-nos com outrem. Quem se compara com outros fica cego para a riqueza de sua própria vida, fica descontente consigo mesmo. Pois os operários da primeira hora estavam felizes por terem sido procurados e contratados. Tinham a segurança de poderem alimentar sua família. Justamente por seu estilo provocante ao relatar o sucedido com o proprietário da vinha e os trabalhadores, Jesus não deixa sossegados seus ouvintes nem seus leitores, mas sim obriga-os a examinarem mais de perto do que vivem e para que vivem propriamente, qual ideia têm de sua vida na vinha de Deus. Jesus nos desafia com esta parábola a deixarmos vir à luz todos os nossos sentimentos ocultos de inveja e agressões a fim de que eles possam dissolver-se na conversa com Ele.

# 35
## O administrador infiel

Um homem rico tinha um administrador que foi denunciado por estar esbanjando os bens dele. Então o chamou, e lhe disse: "O que é isso que ouço contar de você? Preste contas de sua administração, porque você não pode mais ser meu administrador". Então o administrador começou a refletir: "O senhor vai tirar de mim a administração. E o que vou fazer? Para cavar, não tenho forças; de mendigar, tenho vergonha. Ah! Já sei o que vou fazer quando me afastar da administração". E começou a chamar um por um os que estavam devendo ao seu senhor. Perguntou ao primeiro: "Quanto é que você deve ao patrão?" Ele respondeu: "Cem barris de óleo!" O administrador disse: "Pegue a sua conta, sente-se depressa, e escreva cinquenta". Depois perguntou a outro: "E você, quanto está devendo?" Ele respondeu: "Cem sacas de trigo!" O administrador disse: "Pegue a sua conta, e escreva oitenta". E o Senhor elogiou o administrador desonesto, porque este agiu com esperteza (Lc 16,1-8).

Ainda hoje esta parábola pode causar irritação. Sempre que procuro interpretar em grupo esta parábola, surge protesto. Pois afinal Jesus não pode dar sua aprovação a uma fraude. Nesta parábola percebemos com que habilidade Jesus atinge o leitor. Ao provocar os ouvintes, Ele os tira de uma posição de segurança em seu fervor individual. E aqui vale dizer mais uma vez: Quando nos sentimos incomodados com uma parábola, estamos diante de um desafio para questionar e corrigir nossa maneira de ver Deus e os homens.

Com esta Parábola do Administrador, que engana seu senhor, Jesus com certeza suscitou junto aos ouvintes o que em alemão se chama *Schadenfreude*, ou seja, alegria por causa do infortúnio alheio. Mas não é disso que se trata. A questão é de como lidamos com a nossa culpa. Queiramos ou não, caímos em culpa ou somos acusados. Não temos nenhuma chance de esquivar-nos. Sempre desperdiçaremos algo da fortuna que Deus nos confiou: nossas capacidades, nossa saúde, nossa aptidão para uma vida conforme à vontade de Deus. Como reagir, eis a questão. Ficar envergonhando-se disso a vida inteira, andando por aí vestidos de penitentes, como o fez o administrador ao conversar consigo mesmo? Assim fazendo, estaremos compadecendo-nos de nós mesmos e suplicando a atenção dos outros. A outra possibilidade de reagir à culpa consistiria em trabalhar duramente, suportar o desconforto para, a partir de agora, fazer tudo direito e cumprir meticulosamente todos os preceitos. Ambos os caminhos levam a um beco sem saída. O administrador, em seu diálogo consigo mesmo, chega a uma terceira via, que Jesus acha boa. Ao invés de ruminar sua culpa perante Deus ou afundar na vergonha, deveríamos considerar a culpa como uma chance para nos relacionarmos com outras pessoas. A culpa nos leva a tratar-nos uns aos outros de maneira mais humana. O administrador chama a si os devedores e reduz a dívida deles. Deste modo, nutre a esperança de ser recebido por eles em sua casa. Ele mostrou-se criativo ao lidar com sua culpa. Desenvolveu sua imaginação para encontrar um modo de extrair de sua culpa algo de positivo. Jesus elogia a esperteza do administrador desonesto. "Os que pertencem a este mundo são mais espertos com a sua gente do que aqueles que pertencem à luz" (Lc 16,8). A expressão "os que pertencem à luz"[7] lembra os essênios, que eram muito piedosos, mas excluíam sem compaixão de seu meio todos os que transgrediam as normas. Na comunidade cristã não deve ser assim. Os cristãos não devem excluir-se mutuamente quando se tornam culpados, mas sim receber-se um ao outro em sua casa. Jesus fala aqui sobre culpa com muita sobriedade. Na Igreja, ainda não alcançamos o nível de sua linguagem aberta e clara. Exatamente no que se refere à culpa estamos em perigo de menosprezar e desvalorizar a pessoa humana, inculcando-lhe sentimentos de culpa para que se arrependa. Podemos aprender de Jesus a falar de outra maneira sobre culpa e sentimento de culpa. Ele quer nos mostrar um caminho em que podemos tratar da culpa sem perder a autoestima.

A culpa é um convite a descermos do trono de nossa autojustiça e tornar-nos humanos entre humanos. Podemos entrar de cabeça erguida na casa dos outros e vice-versa, receber os outros em nossa casa com igual abertura de espírito. Jesus deseja nos convidar a partilhar mutuamente nossa culpa, ao invés de lançar a culpa sobre os outros e a nos desculparmos ou, ao contrário, nos culparmos exclusivamente, e assim nos escarniçar e degradar. Lidando com a culpa da maneira proposta por Jesus nesta parábola, contribuiremos para que nossa sociedade se torne mais humana. Não excluímos ninguém como bode expiatório e nós mesmos podemos continuar a viver com dignidade.

---

7. Ou também "filhos da luz", em oposição a "filhos das trevas" [N.T.].

# 36
## Decepção quanto à expectativa da proximidade do final dos tempos?

Eu garanto a vocês: alguns daqueles que estão aqui não morrerão sem terem visto o Filho do Homem vindo com o seu Reino (Mt 16,28).

Caberia perguntar-se em relação a esta passagem bíblica se Jesus não se teria enganado em sua expectativa da proximidade do Fim dos Tempos. Pois nenhum de seus discípulos presenciou sua vinda gloriosa no fim do mundo. Ocorre, porém, que Mateus escreveu seu Evangelho numa época em que não havia mais nenhum dos discípulos que estivesse vivo. A Igreja primitiva entendeu esta palavra de Jesus de modo espiritual. Orígenes diz a respeito: "Quem compreende a palavra de Deus não morre". E o Evangelho [apócrifo] de Tomás usa uma expressão semelhante: "Quem acolhe a palavra de Jesus não tem parte na morte". Outros representantes da Igreja primitiva interpretam esta palavra de Jesus no contexto da transfiguração, cujo relato vem imediatamente após esse texto. Neste sentido, seriam Pedro, Tiago e João que, no Monte Tabor, teriam presenciado Jesus em sua glória ou, como consta literalmente nesta passagem bíblica, em seu poder de Rei [*"königliche Macht"*, como reza a tradução da Bíblia em alemão].

Qualquer que seja a compreensão desse texto, o certo é que Jesus falou da vinda próxima do Reino de Deus. E os primeiros discípulos, mas também Paulo e os primeiros cristãos, partilharam esta crença. Eles contavam com que Cristo breve aparecesse em sua glória e então irrompesse o fim do mundo para todos. Esta esperança da iminente vinda de Jesus glorioso mantém ainda hoje seu sentido. Pois todos vivemos em vista da morte. E na morte, Cristo vem em sua glória. Para cada um de nós é então chegado o fim do mundo. E assim, faz sentido viver existencialmente a esperança escatológica iminente dos primeiros cristãos. Não marcamos data para o fim do mundo. Mas sabemos que para nós o mundo se acaba com a morte. E por isto faz sentido contar sempre com a morte e com a vinda de Jesus na morte. Vivendo nesta consciência, vivemos de modo consciente e intenso. Quem coloca o fim entre parênteses, vive sem rumo. A esperança escatológica iminente nos convida a viver integralmente e atentamente o instante presente.

Mas a esperança escatológica iminente tem mais um significado. Às vezes imaginamos poder planejar o mundo do modo como bem entendemos. Tudo depende de nós, pensamos. A esperança escatológica iminente nos mostra, porém, que este mundo chegará ao fim com suas potencialidades, que ele não é definitivo. O decisivo é o Reino de Deus, já introduzido por Jesus, mas que só se revelará para sempre quando Jesus vier definitivamente. A esperança escatológica iminente relativiza o mundo. Não caminhamos somente para o futuro feito por nós próprios. Também temos em vista um futuro a ser criado por

Deus. Deus irá estabelecer seu Reino sobre a terra. Em Jesus o Reino de Deus já chegou perto. Mas só se tornará definitivamente visível para nós quando Jesus – como diz a Bíblia – aparecer em sua glória. Então estaremos no meio do mundo dentro do espaço protetor de Jesus. Então estaremos a salvo do poder do mundo.

Esta vinda de Jesus, portanto, pode ser entendida de três modos:

• Por um lado, tem o sentido de uma vinda gloriosa já no meio de nossa vida, quando na oração ou na Santa Missa vivo uma profunda experiência de Deus ou percebo Jesus vivo em mim.

• O segundo significado diz respeito ao encontro com Jesus na hora da morte. Nela, o mundo termina para mim. E em Jesus tem início meu novo futuro.

• Em terceiro lugar, por fim, pode-se entender também a vinda definitiva de Jesus no fim do mundo: Naquela hora, a glória de Jesus será visível para toda a humanidade. Não sabemos quando isto acontecerá. E Jesus nos adverte a não tecer especulações a respeito. Devemos, pelo contrário, viver no agora, conscientes e atentos.

# 37
## Chorem por vocês mesmas e por seus filhos

Mulheres de Jerusalém, não chorem por mim! Chorem por vocês mesmas e por seus filhos! Porque dias virão em que se dirá: "Felizes das mulheres que nunca tiveram filhos, dos ventres que nunca deram à luz e dos seios que nunca amamentaram" (Lc 23,28s.).

O que poderia significar esta frase de Jesus? Para compreendê-la é preciso primeiro ver a situação em que a frase foi pronunciada. Os soldados estavam conduzindo Jesus à crucificação. Muitas pessoas seguiam-no, principalmente muitas mulheres. Era comum em Israel naquele tempo que mulheres acompanhassem lamentando e chorando um condenado à morte. Jesus, porém, dirige-se a elas dizendo: "Mulheres de Jerusalém, não chorem por mim! Chorem por vocês mesmas e por seus filhos! Porque dias virão em que se dirá: 'Felizes das mulheres que nunca tiveram filhos, dos ventres que nunca deram à luz e dos seios que nunca amamentaram'" (Lc 23,28s.).

Jesus não quer compaixão. Ele quer trilhar seu caminho confiando em Deus. Mesmo condenado à morte, Ele sabe-se nas mãos de Deus. As mulheres, porém, devem tomar o destino de Jesus como símbolo do destino para a cidade de Jerusalém. Jerusalém será destruída pelos romanos. E isto vai ser uma catástrofe para todo o povo de Israel. Portanto, Jesus associa sua morte na cruz à queda de Jerusalém. Isto se torna claro com a frase: "Porque, se assim fazem com a árvore verde, o que não farão com a árvore seca?" Jesus, um homem ainda jovem, compara-se assim com a árvore verde. E árvore seca representa a cidade velha de Jerusalém. Madeira seca arde melhor do que madeira verde e úmida. Por conseguinte, ao olharem para Jesus, as mulheres deverão também ter em mente o futuro e chorar sobre seu próprio futuro.

Este é o sentido histórico destas palavras. Mas Lucas é um escritor prendado. Ele deixa suas palavras sempre com um significado aberto. Por isso, estas palavras não devem ser interpretadas apenas sob o aspecto histórico. Devemos perguntar-nos o que significam para nós. Eu vejo nelas a seguinte significação: Ao meditar sobre a paixão de Cristo ou ao comemorá-la – como na Semana Santa – num ato litúrgico, não se trata, para mim, de ter compaixão de Jesus. Eu sei que Jesus – é o que nos diz Lucas – deixou-se cair cheio de confiança nas mãos do Pai e ressuscitou dos mortos. Sua morte, entretanto, é uma admoestação a mim dirigida para que eu me converta. Devo sentir luto por mim mesmo e chorar por meus pecados. Devo considerar a morte de Jesus como imagem do que me sucederá se não me converter. Minha vida ficará sem sentido e sem futuro. E eu direi às montanhas: "Caiam sobre mim" (Lc 23,30). Já não desejarei olhar para minha vida, mas, sim, fechar os olhos e apenas continuar vegetando. A morte de Jesus me é uma admoestação para abrir os olhos e interrogar-me: "Minha vida está certa?

Cairá tudo também sobre minha cabeça?" A palavra de Jesus não tenciona infundir-me receio, mas sim incitar-me a vigiar e ficar atento. O que os soldados fazem com Jesus é o que eu faço comigo mesmo. Eu me trato com violência. Eu me flagelo com autorreprimendas. Ao seguir o que todos fazem, zombo de minha alma, de meu eu íntimo.

Segundo a lenda, Lucas era um pintor de arte. Ele pinta um quadro da Paixão de Jesus de modo a permitir-me contemplar esta imagem e nela reconhecer-me a mim mesmo. Vejo diante de mim a boa imagem do homem verdadeiramente justo chamado Jesus – uma imagem que devo interiorizar em mim. Mas também devo descortinar na imagem do caminho da cruz o meu próprio caminho. A via-sacra de Jesus convida-me a decidir-me pelo caminho certo. Como Hércules, este grande herói grego que, na encruzilhada, escolheu o caminho da virtude, assim eu devo optar pelo caminho da misericórdia. Assim seguirei Jesus no seu caminho da cruz. Pois seu caminho é um caminho de amor e misericórdia, de confiança e atitude positiva. Sua palavra, lacônica à primeira vista, ao dirigir-se às mulheres, pode conduzir-me a esse caminho.

# 38
## Separação ou união

Aos outros, sou eu que digo, não o Senhor: Se algum irmão tem esposa que não é cristã, e ela concorda em viverem juntos, não se divorcie dela. E se alguma mulher tem marido que não é cristão, e ele concorda em viverem juntos, não se divorcie dele. Pois o marido não cristão é santificado pela esposa cristã; e a esposa não cristã é santificada pelo marido cristão. Se assim não fosse, seus filhos seriam impuros, quando na realidade são consagrados a Deus. Se o não cristão quiser separar-se, que se separe. Nesse caso, o irmão ou irmã não estão vinculados, pois foi para viver em paz que Deus nos chamou. Na verdade, ó mulher, como pode você ter certeza de que salvará seu marido? E você, marido, como pode saber que salvará a sua mulher? (1Cor 7,12-16).

Paulo interpreta nesse texto as palavras de Jesus sobre o matrimônio e o divórcio tendo em vista a situação de sua comunidade. Jesus falou apenas de modo geral que o homem se deve ligar para sempre à mulher. Agora, porém, Paulo refere-se à situação em Corinto, onde havia casamentos entre um homem cristão e uma mulher pagã ou entre uma mulher cristã e um homem pagão. A mulher cristã não devia repudiar o homem pagão, mas sim viver com ele, desde que ele concordasse. Se, porém, o homem descrente desejasse separar-se da mulher cristã, neste caso a mulher ficava livre e podia casar novamente. A interpretação paulina da palavra de Jesus mostra que a Igreja primitiva não havia transformado em lei as palavras de Jesus sobre o divórcio, mas sim que as haviam entendido de modo que as pessoas pudessem vivê-las.

Paulo justifica sua interpretação da palavra de Jesus afirmando que o homem descrente é santificado pela mulher e que a mulher descrente o é pelo homem que crê. Também seus filhos são santificados pelo cônjuge que tem fé. Os exegetas refletiram muito sobre o possível significado disso tudo. Santo é aquilo que é retirado do mundo. Paulo sustenta evidentemente a posição de que o cônjuge cristão é mais forte do que a influência mundana exercida pelo cônjuge descrente. E o mesmo valia para os filhos.

Eu entendo estas palavras da seguinte maneira: O cristão tem uma percepção do que é santo ou sagrado dentro de si, no seu íntimo, algo a salvo do poder do mundo, um espaço interior inacessível para as pessoas. E ao proteger este lugar sagrado ele dá também ao cônjuge descrente a esperança de que também nele existe este espaço interior santo. Paulo assume a posição de que os cristãos são para os pagãos um sinal de esperança no sentido de que também eles recebem a bênção de Deus. Por acreditarem no que há de santo em seu íntimo, os cristãos transmitem-no também aos descrentes. Estes terão uma outra interpretação a respeito. Mas o ponto decisivo é que o cristão repassa também ao pagão o fato de existir nele um espaço sagrado não dominado pelo mundo.

# 39
## Come e bebe a sua própria condenação

Portanto, todas as vezes que vocês comem deste pão e bebem deste cálice, estão anunciando a morte do Senhor, até que Ele venha. Por isso, todo aquele que comer do pão ou beber do cálice do Senhor indignamente, será réu do corpo e do sangue do Senhor. Portanto, cada um examine a si mesmo antes de comer deste pão e beber deste cálice, pois aquele que come e bebe sem discernir o Corpo, come e bebe a própria condenação (1Cor 11,26-29).

Paulo tomou conhecimento de irregularidades em sua comunidade. Os ricos chegavam antecipadamente à celebração eucarística, saciavam-se e bebiam vinho. Os pobres, geralmente escravos, tinham de trabalhar e, por isso, chegavam mais tarde. Para Paulo, isto constituía humilhação para os pobres por parte dos ricos. É no contexto desta situação que Paulo se refere à Santa Ceia com Jesus. Devemos celebrá-la em memória de Jesus. E temos de saber que nessa ceia eucarística anunciamos a morte de Jesus até que Ele venha. O comportamento dos ricos não é digno da Santa Ceia tal como instituída por Jesus. Não devemos simplesmente comer os alimentos, mas sim conscientizar-nos de que, no pão, comemos o corpo de Jesus e no vinho, seu sangue. Paulo conclui a descrição que faz da Ceia celebrada conjuntamente pelos cristãos ao reunirem-se para a Ceia do Senhor com as seguintes palavras: "Pois aquele que come e bebe sem discernir o Corpo, come e bebe a própria condenação" (1Cor 11,19). Muitos cristãos católicos sempre têm entendido estas palavras no sentido de não deverem ter pecado algum ao receberem a Santa Comunhão, caso contrário seriam indignos dela. E em muitos deles estas palavras suscitaram uma sensação de medo: Serei realmente digno de receber a Comunhão? Na verdade, porém, não é absolutamente disso que se trata aqui. Trata-se, antes, fundamentalmente de um entendimento correto da Santa Ceia. Se recebo o pão como se fosse apenas pão e tomo o vinho como se fosse um vinho normal, então não estarei em conformidade com o mistério da Eucaristia. Neste caso, chamarei a mim o Juízo. Em outras palavras, isto não está correto e será portanto condenado por Deus. Por conseguinte, o que Paulo pretende é sublinhar o caráter sagrado da Ceia do Senhor. Os cristãos não podem confundi-la com uma refeição normal. Eles devem sentir que se trata de algo sagrado, ao comermos e bebermos o corpo e o sangue de Cristo sob as espécies de pão e vinho. Neste sentido, a palavra de Paulo significa uma admoestação para levarmos a sério o mistério eucarístico e não o nivelar a uma comida banal. Não se trata da situação pecaminosa de quem recebe a Comunhão. Cada um está convidado a ir à Comunhão, mas deve ficar consciente do que faz. Ele recebe em si o próprio Cristo, que lhe perdoa os pecados, que morreu por ele para que ele também morra para o pecado e se deixe reerguer por Cristo rumo à vida da ressurreição.

# 40
## O silêncio das mulheres

Que as mulheres fiquem caladas nas assembleias, como se faz em todas as igrejas dos cristãos, pois não lhes é permitido tomar a palavra (1Cor 14,34).

Muitas mulheres consideram Paulo como infenso às mulheres. E são incapazes de perdoar-lhe esta frase que lhes impõe silêncio durante o ofício religioso. Contudo, examinando corretamente o enunciado, chega-se à conclusão de que esta atitude é fruto de preconceito. Esta frase na perícope de 1Cor 14,34 incomoda realmente, mas está em contraposição ao texto de 1Cor 11,4s., e é neste contexto que se deve ler o versículo citado. Esta passagem reza o seguinte: "Todo homem que reza ou profetiza de cabeça coberta desonra a sua cabeça. Mas toda mulher que reza ou profetiza de cabeça descoberta, desonra a sua cabeça" (1Cor 11,4s.). Portanto, Paulo toma como ponto de partida que a homens e mulheres é permitido falar de modo profético nos ofícios religiosos, juntos ou sucessivamente. Somente o fato de encobrir ou descobrir a cabeça diverge. Mas também neste caso Paulo recorre aos hábitos reinantes naquela época da cultura romana.

Os exegetas de hoje em dia são unânimes em sustentar que a proibição da palavra às mulheres não provém de Paulo, mas sim que foi intercalada posteriormente por um redator. Presume-se que, por volta do ano 100 d.C., este tenha resumido a correspondência de São Paulo aos coríntios em ambas estas Cartas aos Coríntios. E nesta ocasião, tornou mais estrita a posição de Paulo ante as mulheres. E isto por diversas razões. Nos primeiros tempos da Igreja reinava um surto carismático, que eliminava todos os limites entre homens e mulheres. As mulheres tinham igual participação nas celebrações rituais e eram presumivelmente diaconisas e líderes comunitárias. Assim, círculos cristãos ficaram com medo de serem rejeitados pela cultura romana caso continuassem a praticar esta atitude tão magnânima. O exegeta Hans-Joachim Klauck descreve da seguinte maneira a situação da época: "Que a mulher deva ficar em casa e não aparecer de público era um tema-chave de autores antigos (p. ex., Plutarco) ao tratarem do casamento. Estas concepções relativas à ordem pública encontraram crescente aceitação por parte das famílias cristãs. Ora bem, uma prática ritual com características emancipatórias como a cristã tinha necessariamente, a longo prazo, de entrar em conflito com esta concepção romana. Então foi preciso modificar a prática ritual". Klauck tira assim a conclusão: "Apesar de seu estilo apodítico, uma regra como a definida nos versículos 34 e seguintes não tem como ser decisiva para a discussão hodierna sobre o múnus da mulher na Igreja" (KLAUCK, H.J. *I. Korintherbrief*, 106 *[Primeira Carta aos Coríntios]*).

Este exemplo mostra de que modo um exame científico dos textos bíblicos pode trazer clareza para várias afirmações. A Bíblia foi crescendo no tempo. E justamente a literatura das epístolas do Novo Testamento deixa claro ter havido diversas tendências. Destas, a conservadora foi a que se impôs, mandando a mulher calar na igreja. Mas isso não significa que este regulamento venha de Deus e seja válido para todos os tempos. A Igreja é um agrupamento humano que se desenvolve e tem a tarefa de sempre retornar às origens. E a interpretação da Bíblia também tem a tarefa de distinguir as asserções essenciais das que ficam presas a seu tempo, a fim de que se possa chegar a um juízo conveniente.

# 41
## Rejeição da homossexualidade?

Suas mulheres mudaram a relação natural em relação contra a natureza. Os homens fizeram o mesmo: deixaram a relação natural com a mulher e arderam de paixão uns com os outros, cometendo atos torpes entre si, recebendo dessa maneira em si próprios a paga pela sua aberração (Rm 1,26s.).

Esta passagem bíblica é para muitos cristãos o comprovante de que a Bíblia rejeita a homossexualidade e a considera um pecado. Não podemos passar ao longo desse texto. Temos a tarefa de entendê-lo. Paulo escreve aos romanos uma epístola que se orienta segundo a tradição da Sabedoria do Antigo Testamento e conforme à pregação missionária típica dos primeiros cristãos. O Livro da Sabedoria critica a idolatria dos pagãos patenteada na deterioração dos costumes. Na Epístola aos Romanos, Paulo critica os pagãos que, propriamente dito, deveriam ter discernido na criação o próprio Criador. Mas não o descobriram. E por não o terem conhecido nem reconhecido, eles também não puderam compreender nem aceitar a ordem da criação. Paulo assume aqui "a linguagem generalizante da crítica helenístico-cristã aos pagãos imorais" (STUHLMA-CHER. *Römerbrief,* p. 35 *[Carta aos Romanos]*). Para ele, o comportamento dos pagãos é contra a criação. Mas Paulo trata aqui o tema não sob o aspecto teológico, a partir do Evangelho. Ele apenas descreve o comportamento, segundo ele, imoral, como era então comum em Roma e em outras cidades do Império Romano. Mas o exegeta evangélico Stuhlmacher nos admoesta a "não repetir irrefletidamente as frases de Paulo" (p. 37).

Paulo vitupera contra o comportamento homossexual dos romanos. Mas nada diz sobre a inclinação natural para a homossexualidade. Contudo, omite uma descrição diferenciada do fenômeno da homossexualidade. É preciso levar a sério suas palavras. É lícito, porém, discutir sobre elas e mesmo debater-se com elas, a fim de entendê-las. Qual será a mensagem de Jesus sobre o tema? Isto não constituiu assunto para ele. Somente o encontro com o comportamento dos pagãos levou Paulo a escrever sobre o tema. Mas o estilo de sua missiva é de acusação contra os pagãos. Para ele, recusar a criação é o motivo por que o comportamento se torna desregrado. Hoje em dia, deveríamos refletir sobre estas palavras desde o ponto de vista psicológico: De que modo uma pessoa lida com a sua propensão para a homossexualidade? Qual é, perante Deus, o valor de uma pessoa com esta inclinação? E como ela poderá viver sua homossexualidade concretamente? Paulo não dá resposta a estas questões.

No diálogo com ele e com a Sagrada Escritura em sua totalidade é preciso confiar no Espírito Santo e assim encontrar respostas conformes à natureza do ser humano.

# 42
## Já não sou eu que vivo

Quanto a mim, foi através da Lei que eu morri para a Lei, a fim de viver para Deus. Fui morto na cruz com Cristo. Eu vivo, mas já não sou eu que vivo, pois é Cristo que vive em mim (Gl 2,19s.).

Com estas palavras, Paulo exprime sua experiência com Jesus Cristo e sua cruz. Durante longo tempo, Paulo havia zelosamente procurado cumprir com os mandamentos. E nisso esforçou-se demasiadamente. Os cristãos no entorno de Estêvão tratavam a lei judaica com maior descontração, e isto se tornou para Paulo um problema tal, que ele achou ter de persegui-los. Mas claramente os cristãos tocaram em Paulo uma fibra íntima que ele havia reprimido de sua consciência: a aspiração de liberdade. De repente, em sua conversão na estrada de Damasco, Paulo entendeu: Eu sou amado incondicionalmente por Jesus Cristo. Eu devo comprovar-me perante Deus seguindo todos os mandamentos com precisão meticulosa.

Estar crucificado com Cristo não representa para Paulo nada de doloroso, mas sim algo de libertador. Em Cristo estou desonerado da obrigação obsessiva de seguir com exatidão todas as leis. Esta coação está cancelada. Perdeu o poder sobre mim. Esta experiência fica expressa na frase de Paulo: "Já não sou eu que vivo, pois é Cristo que vive em mim". Isto pode ter vários significados. Por um lado, pode indicar que eu já não estou marcado pelas velhas estruturas compulsivas de meu superego, mas sim pelo amor e a liberdade de Jesus Cristo. Por outro lado, também podemos interpretar esta palavra de maneira mística: meu crescimento está tão ligado a Cristo, que Ele agora está marcando o mais íntimo do meu ser. C.G. Jung citou frequentemente esta passagem. Para ele, a mesma significa: Já não é o ego que me determina. O ego tem de comprovar-se continuamente. Muito mais do que isto, Cristo é a imagem do verdadeiro "eu próprio" (*das wahre Selbst*). Eu vivo a partir do meu mais profundo centro, do meu ser mais íntimo. E este meu mais profundo interior é, em última instância, Cristo. Cristo é, para Jung, também uma imagem arquetípica do verdadeiro eu próprio. Quem vive a partir de seu eu próprio não tem mais necessidade de afirmar-se. Ele é, simplesmente. Ele vive a partir de seu centro.

# 43

## Por Ele, tudo abandonei

Considero tudo uma perda, diante do bem superior que é o conhecimento do meu Senhor Jesus Cristo. Por causa dele perdi tudo, e considero tudo como lixo, a fim de ganhar Cristo, e estar com Ele. E isso, não mais mediante uma justiça minha, vinda da Lei, mas com a justiça que vem através da fé em Cristo, aquela justiça que vem de Deus e se apoia sobre a fé (Fl 3,8s.).

Há vários modos de interpretar estes versículos. Meu foco aqui se volta para a experiência que há por trás deles. A meu ver, Paulo não se refere aqui apenas a um conhecimento teológico no sentido de que ele, agora, já não precisa cumprir a lei, posto que vive a liberdade de Jesus Cristo. É o que certamente também perpassa esse texto. Mas o conhecimento de Cristo Jesus ultrapassa tudo. É um conhecimento existencial. É tão fascinante para Paulo que todo o resto, para ele, se torna lixo, dejetos, sujeira. A expressão grega *skabala*, aqui usada por Paulo, tem sua origem em contextos fecais. Assim, para Paulo, tornou-se desprezível tudo o que antes era objeto de toda a sua energia: ter de afirmar-se a si próprio. O novo que toca

Paulo tão de perto é o conhecimento superior (*gnosis*), a plena realização de toda a aspiração nutrida pelos gnósticos daquele tempo: descobrir o próprio Deus, chegar até Deus através do conhecimento. Ao verbalizar esta experiência, Paulo atinge a aspiração das numerosas pessoas que buscam o conhecimento real, a iluminação e o esclarecimento. Esta aspiração gnóstica de Paulo encontrou sua plena realização pelo fato de ele ter penetrado, através do conhecimento, no íntimo do ser, no coração de Jesus Cristo. Deste modo lhe foi desvelado o segredo da pessoa de Cristo e o segredo de Deus que se encontra conosco em Jesus de maneira inteiramente nova, ou seja, como um Deus de amor misericordioso e como o Deus que traz os mortos para a vida. Em Jesus Cristo reluziu para Paulo o mistério da graça: Deus *é* graça. Em Jesus Cristo ele se dirige a nós com ternura e amor. Assim, Paulo descobriu em Jesus a face tenra de Deus. E então ele aspira ficar totalmente neste Jesus Cristo, ser encontrado nele, como se diz em grego. Paulo fala ter sido agarrado por Cristo (Fl 3,12). A expressão grega *"katalambanein"* significa agarrar de cima abaixo, "com-preender" realmente. Também se compreende no sentido de êxtase: Compreender Deus plenamente e ser agarrado por Deus no mais profundo do ser. Também quer dizer: ser dominado por Deus. Paulo foi, nesse sentido, agarrado, dominado interiormente. Jesus perpassou-o por completo. E isto transformou ele próprio.

Esta experiência avassaladora de Jesus Cristo compeliu Paulo a varar o mundo inteiro, arrostar perigos e envidar esforços para anunciar este Jesus Cristo. Ele não anunciou apenas sua mensagem, ele anunciou o próprio Jesus Cristo. Mas anunciou-o sempre como o crucificado. Seu segredo lhe foi desvendado precisamente no Jesus crucificado e ressuscitado – o segredo de que o amor de Deus ousou chegar às raias, ao âmago mesmo da alienação na cruz, do pecado, da praga da cruz, para tudo em nós transformar com seu amor. Na cruz de Cristo lhe foi revelado que a força de Deus chega à sua plenitude em nossa fraqueza. Assim foi a experiência do crucificado para Paulo: uma experiência continuamente nova de seu próprio eu. Foi o que ele sempre tem repetido na Segunda Carta aos Coríntios: "Esse tesouro nós o levamos em vasos de barro, para que todos reconheçam que esse incomparável poder pertence a Deus e não é propriedade nossa" (2Cor 4,7). Paulo vivencia em sua ação apostólica a proximidade do crucificado. E ele percebe que o Espírito de Jesus não faz com que ele apareça perante os homens como alguém forte, equilibrado e espiritual, mas sim como fraco e vulnerável. Ele experimenta até mesmo o sofrimento mortal de Jesus Cristo: "Por toda parte levamos em nosso corpo a morte de Jesus, a fim de que também a vida de Jesus se manifeste em nosso corpo" (2Cor 4,7).

# 44
## A morte de Jesus, uma morte de expiação

Deus o destinou a ser vítima que, mediante seu próprio sangue, nos consegue o perdão, contanto que nós acreditemos (Rm 3,25).

A este versículo se refere a teologia da expiação, que considera a morte de Jesus como expiação por nossos pecados. Mas como entender esse texto? Klaus Berger traduziu esta passagem (Rm 3,25) da seguinte forma: "Deus fez de Jesus o lugar de expiação através de seu sangue, e nós temos acesso a ela mediante a fé". O lugar de expiação é o propiciatório [= tampa da Arca da Aliança], que se encontra no Templo. "No dia judaico da expiação (Yom Kippur), o sumo sacerdote entrava e aspergia o propiciatório com o sangue de carneiros e touros para assim restituir-lhe a aptidão para o rito" (BERGER, p. 49). Portanto, Jesus é aqui comparado ao propiciatório. É evidente que Paulo fala, nesse texto, de modo figurado. Mas a tradução unificada da Bíblia [para o alemão] não se deu mais conta do cunho metafórico desta sua linguagem. Qual então é o sentido da expressão figurada? O propiciatório é o lugar mais sagrado de Israel. O lugar mais sagrado e mais puro em Israel é o que chama a si toda a culpa pelos pecados do povo. Klaus Berger compara-o com um ímã, que "atrai todo metal de polaridade diferente" (BERGER, p. 49). Assim, Jesus, o homem livre de todo pecado, chama a si a culpa de todos os seres humanos. "Por ser santo e justo sem nenhuma culpa própria, Jesus podia aspirar como uma esponja, indefinidamente, a culpa de todos os outros. E como quando se esprime uma esponja, assim também a morte de Jesus fez escoar toda a culpa pelos pecados" (p. 50). Portanto, Paulo fala da expiação com auxílio de metáforas. Não devemos desenvolver a partir desta linguagem figurada um sistema dogmático, como repetidamente tem acontecido na história da Igreja e da teologia, acarretando falsas ideias a respeito de Deus e da morte de Jesus na cruz.

Olhando para a história das religiões, constata-se que a expiação é vista como a purificação das pessoas livrando-as das sequelas do pecado. O pecado suja a pessoa. A expiação constitui, em derradeira instância, um ritual terapêutico de purificação. Antigamente se considerava a ocorrência de doenças e catástrofes naturais como consequência da culpa contraída pelos humanos. Uma vez perdoada a culpa, porém, permanece a doença. A expiação cura a doença. A teologia católica faz uma distinção entre o pecado que foi perdoado e a pena que, como consequência do pecado, deve ser cumprida em expiação pela culpa. Isto é uma concepção jurídica. Mas considerando esta imagem sob o aspecto existencial e colocando-a em relação com a morte de Jesus, poder-se-ia dizer: Com sua morte na cruz Jesus experimentou em sua pele as sequelas de nossos pecados. Ele sofreu em seu corpo todas as consequências provocadas pelas intrigas e covardia dos detentores do poder naquela época. A expiação significa, portanto, que Jesus na cruz sentiu em si, sem defender-se, as consequências desferidas por um grupo de poder girando ao redor de si – consequências do ódio e ciúme, da inveja e inimizade. Ele, ao invés de rebelar-se, venceu tudo com seu sofrimento e com seu amor, destroçando assim o poder daquele grupo. Portanto, não devemos ver a expiação como uma exterioridade ou um assunto jurídico, como se Jesus tivesse tomado a si os castigos por nossos pecados e assim os tivesse expiado. Isto levaria à imagem de um Deus-Juiz que tem de castigar, necessariamente. Ao falarmos de castigo pelos pecados não devemos ter em mente termos jurídicos, mas sim basear-nos no que é o pecado essencialmente: O pecado castiga a si mesmo, cria uma situação contrária e prejudicial à natureza humana. A morte de Jesus na cruz nos mostra não somente o amor e o perdão de Deus, mas também evidencia as sequelas do pecado. As consequências do pecado consistem em injustiça, covardia, brutalidade, traição. Jesus na cruz aniquilou o poder de todo este séquito do pecado. E assim ele nos doou a confiança: não temos mais de aturar as consequências de todo mal que fizemos. Jesus tomou tudo a si, como nosso representante, todas as sequelas de nosso comportamento e assim poupou-nos de suas consequências. Por conseguinte, só nos é permitido falar de expiação quando contemplamos o amor de Jesus a cancelar todos os efeitos dos inúmeros pecados cometidos pelos seres humanos.

# 45
## Jesus carrega meus pecados com sua cruz

Sobre o madeiro levou os nossos pecados em seu próprio corpo, a fim de que nós, mortos para nossos pecados, vivêssemos a sua justiça. Através dos ferimentos dele é que vocês foram curados (1Pd 2,24).

A Primeira Carta de São Pedro relata que Jesus carregou nossos pecados. O autor refere-se aqui ao capítulo 53 do Profeta Isaías, com o quarto cântico do Servo de Deus. Na linguagem poética do profeta, podemos dizer que Jesus carregou sobre si nossos pecados e os levou consigo na cruz. Isto ocorreu por amor e não porque Ele devesse fazer expiação. Ao considerar o pecado da humanidade patenteado na cruz e em sua fatal consequência, deveríamos ficar mortos para o pecado e vivos para a justiça. A morte de Jesus na cruz é, portanto, na perspectiva desta carta, um convite para que nos afastemos do pecado. Pecando, segundo o autor da carta, nós nos perdemos como ovelhas. Perdemo-nos a nós mesmos. Ficamos sem orientação. "Mas agora vocês retornaram ao seu Pastor e Guardião" (1Pd 2,25).

A cruz é uma admoestação para que nos convertamos e nos voltemos a Cristo que vela por nossa alma e a guarda. Jesus é o Bom Pastor. E a cruz é como que seu bastão de pastor, com o qual Ele nos mostra, em meio às confusões de nossa vida, o caminho para a nossa verdadeira terra natal. E esta terra natal é a que se encontra na proximidade de Cristo, que nos pastoreia e protege contra tudo o que nos ameaça. Entendendo corretamente a primeira carta de Pedro, vemos que Jesus realiza na cruz um ritual de salvação e um ritual de purificação. Ao carregar com amor nossa culpa sem aumentá-la, mas com uma atitude dura e amargurada, Ele purifica o mundo das mazelas do ódio e da inimizade. Quem vence os efeitos do pecado com sofrimento e amor também cria espaço para a clareza e a honestidade. Jesus na cruz nos curou a todos, feridos pelo pecado, das sequelas do pecado, geradoras de enfermidades. Na cruz Ele restabeleceu nossa dignidade.

Contemplando a cruz, me é possível professar: Aí está alguém que carregou minha culpa. Estou livre de todas as sequelas negativas desta culpa. Posso voltar a respirar aliviado. Estou curado. Mas não devo ligar esta imagem à de um Deus que teve de castigar seu Filho para que nós não necessitemos ser castigados.

# 46
## Resgatados pelo sangue do Cordeiro

Vocês sabem que não foi com coisas perecíveis, isto é, com prata nem ouro, que vocês foram resgatados da vida inútil que herdaram dos seus antepassados. Vocês foram resgatados pelo precioso sangue de Cristo, como o de um cordeiro sem defeito e sem mancha (1Pd 1,18s.).

A Primeira Carta de Pedro concebe a redenção de modo inteiramente pessoal. Fomos resgatados por Jesus Cristo de nossa vida inútil herdada de nossos progenitores. A palavra grega para inútil ("*mataia*") corresponde ao que o budismo designa com a palavra "maia": aparência. Nossa vida transcorre segundo a aparência externa. Só que esta aparência não vale nada. Este modo de viver, nós o assumimos de nossos antepassados. Continuamos simplesmente a viver o que os pais nos repassaram, afinal o jeito como eles vivem também há de ser bom. Vivemos a partir das raízes que temos na força vital e na força da fé de nossos pais. Aqui, no entanto, o autor da carta sustenta que esta maneira de viver é vazia e sem sentido, se apenas repetirmos o que recebemos dos pais. Sobretudo deveríamos refletir sobre o grau em que nossa vida realmente corresponde àquilo que Deus de nós espera.

A morte de Jesus na cruz foi o resgate desta vida inútil. Como entender isto?

A primeira carta de Pedro fala em termos figurados. O precioso sangue de Jesus representa o amor ilimitado com que Ele nos amou na cruz. Fitando este amor, realizamos que muito daquilo que vivemos não passa de aparência. Corremos atrás de qualquer desejo, compramos isso ou aquilo por julgar que precisamos absolutamente destas coisas. Mas olhando para Cristo na cruz, tudo isso se revela sem sentido e sem valor. O olhar para a cruz nos mostra o que realmente importa na vida: a disposição para amar-nos uns aos outros e engajar-nos neste amor recíproco e doar-nos. A libertação deste estilo de vida absurdo não é nenhum passe de mágica resultante da morte violenta de Jesus. Ao contrário, a libertação ocorre justamente olhando Jesus Cristo. Contemplando Jesus, como que renascemos. E nos tornamos capazes para o amor mútuo: "Pela obediência à verdade vocês se purificaram, a fim de praticar um amor fraterno sem hipocrisia. Com ardor e de coração sincero amem-se uns aos outros. Vocês nasceram de novo, não de uma semente mortal, mas imortal, por meio da palavra de Deus, que é viva e que permanece" (1Pd 1,22s.). Olhar para Cristo nos renova. Ele nos liberta do estilo de vida sem sentido que assumimos de nossos pais e nos possibilita amar uns aos outros e assim dar um novo sabor à nossa vida.

# 47
## Alegro-me com os sofrimentos

Agora eu me alegro de sofrer por vocês, pois vou completando em minha carne o que falta nas tribulações de Cristo, a favor do seu corpo, que é a Igreja (Cl 1,24).

Um leitor escreveu-me que não compreende este versículo: O sofrimento de Jesus não será suficiente? Teremos então possivelmente de completar o que Jesus ainda não sofreu? A redenção por Jesus Cristo estará ainda incompleta? Certamente não será isto o que o autor da epístola – seja ele Paulo ou de um discípulo seu – quis realmente dizer! Pois Paulo está convencido de que a redenção por Jesus está completa. Mas a redenção por Cristo não significa que o sofrimento desapareceu. Vivenciamos continuamente o fato de que as pessoas sofrem: seja por doença ou por súbito infortúnio que as acomete. As pessoas sofrem rejeição e perseguição, ferimento e opressão. Ao dizer que se alegra de sofrer, Paulo está exprimindo seu sentimento de que, com isso, ele está prestando um serviço aos cristãos de seu meio. Ele aceita de livre e espontânea vontade o sofrimento que o atinge para que assim os outros passem melhor.

Ao comentar este versículo, sou levado a pensar em minha mãe, que alegre ofereceu aos seus filhos e netos os sofrimentos que a atribulavam devido a queixas decorrentes da idade e de doenças. Não lamentava seus sofrimentos, mas os acatava conscientemente. Isto era para ela expressão de amor. E os filhos e netos sentiam-se amados por ela. Também de Paulo emana uma aura fundamentalmente positiva. Ele não se queixa por sofrer em sua atividade missionária – rejeição, perseguição, açoites, apedrejamento –, mas, ao contrário: ele se alegra disso – para ele, um sinal de estar estreitamente ligado a Jesus Cristo. Ele, por assim dizer, dá prosseguimento ao sofrer de Jesus, que assumiu este sofrer por amor a nós. E o prossegue agora para a Igreja e para os cristãos de seu relacionamento. Não foi ele que escolheu o tipo de sofrimento. Este lhe foi imposto de fora. Mas sua espiritualidade consiste em transformar em ato de amor o que lhe advém de fora. Esta é uma arte que também hoje muitos cristãos praticam.

Ao receberem com alegria os sofrimentos que os atingem, transformando-os em ato de amor para com as pessoas do seu meio, os cristãos prestam uma importante contribuição para a sociedade ou – na linguagem de São Paulo – estarão edificando a Igreja. Tornam a Igreja vivenciável como espaço de amor e de receptividade para as pessoas.

# 48
## O que a cruz significa

Quanto a mim, que eu não me glorie, a não ser na cruz de Nosso Senhor Jesus Cristo, por meio do qual o mundo foi crucificado para mim, e eu para o mundo (Gl 6,14).

É com orgulho que Paulo escreve esta frase no final de sua Carta aos Gálatas. Em minha juventude, sempre entendi este versículo em sentido ascético: Devo dominar todas as minhas paixões, reprimir minha cobiça. Só assim viverei em conformidade com a cruz. Mas o que Paulo quer dizer é outra coisa: Com sua cruz, Jesus fez um risco no mundo com todos os seus padrões de pensar e agir. O mundo e seus critérios: estes consistem na contínua busca de poder, reconhecimento, julgamentos pautados por riqueza e prestígio. Todos estes critérios não têm mais valor perante a cruz de Jesus. Estou livre do poder do mundo, livre da pressão de ter que me comprovar ou justificar em toda parte. A cruz me livra da pressão de ter que corresponder às expectativas de outrem. Esta liberdade significa: Não preciso atender a toda e qualquer expectativa.

Portanto, a cruz não é antes de tudo um sinal de ônus e renúncia, mas sim um sinal de liberdade. Paul Tillich, um teólogo evangélico, certa vez qualificou a cruz como o princípio do protestantismo. Ela é o protesto contra toda absolutização de algo finito. O protesto contra toda absolutização do poder finito na política, contra a absolutização das formas e conteúdos finitos na religião e dos valores finitos na sociedade e na cultura. Assim entendida, a cruz nos protege contra o perigo de nos deixarmos dominar e escravizar pelo finito e provisório. A cruz nos remete à nossa liberdade interior. Esta é para Paulo a principal experiência da cruz: Estou livre da coerção para provar minha situação de pessoa justa através do desempenho. Estou aceito incondicionalmente. Esta experiência me liberta igualmente da obrigação de ter de satisfazer as pessoas.

Estou livre quer dizer: Eu pertenço a Deus. Nenhum rei, nenhum imperador tem o direito de dominar-me. Reis e imperadores são raros, hoje em dia. Mas continuamos a reverenciar como antes os que exercem poder e perante os quais pretendemos afirmar-nos. O cristão é uma pessoa livre, É o que a cruz significa: Estamos livres da obrigação de corresponder a todas as expectativas. Estamos livres para deixar-nos determinar unicamente por Deus, e não pelo mundo.

# 49
## O homem: a cabeça da mulher

Sejam submissos uns aos outros no temor a Cristo. Mulheres, sejam submissas a seus maridos, como ao Senhor. De fato, o marido é a cabeça da sua esposa, assim como Cristo, salvador do Corpo, é a cabeça da Igreja. E assim como a Igreja está submissa a Cristo, assim também as mulheres sejam submissas em tudo a seus maridos (Ef 5,21-24).

No passado, aliás um tanto remoto, prezava-se nas cerimônias de casamento ler esse texto da Epístola aos Efésios. Muitos homens viam-se ali apoiados quanto ao dever de a mulher se submeter a eles. Ainda hoje tenho a ver com homens conservadores que se reportam a estas palavras da Epístola aos Efésios, a fim de oprimir e dominar suas esposas. No entanto, o que fazem é interpretar o texto bíblico da maneira sugerida por seu próprio conceito de homem e mulher – frequentemente um conceito demasiado estreito e hostil à mulher, ou seja: misógino. Ante esta interpretação impregnada de preconceitos masculinos, deveríamos refletir detidamente sobre o que o texto nos tem a comunicar nos dias de hoje.

Em primeiro lugar, é preciso saber que, no tocante às assim chamadas "tábuas dos deveres domésticos" (*Haustafeln*), a literatura das epístolas no Novo Testamento assume a filosofia popular grega. Ditadas para os diversos grupos da grande família grega, denominada "domicílio" ou "casa", estas regras seguem o conceito de ser humano então vigente e, portanto, sujeito à evolução dos tempos. No entanto, a Bíblia não assume simplesmente a filosofia helênica com todas as suas admoestações. Ela as reinterpreta numa perspectiva cristã. E se levarmos a sério esta interpretação cristã, veremos que o conceito de homem e mulher então corrente sofreu com a nova interpretação uma ruptura apta a abrir uma nova perspectiva sobre os "diversos sexos". O autor da Epístola aos Efésios – provavelmente, um discípulo de São Paulo – considera o relacionamento entre homem e mulher como uma metáfora para a relação entre Cristo e Igreja. O princípio fundamental da vida cristã consiste em que todos se devem submeter uns aos outros "no temor a Cristo" (Ef 5,21). Não se trata, portanto, da submissão unilateral da mulher ao homem, mas sim do respeito mútuo e do escutar-se um ao outro. Em seguida, o autor da carta compara o homem com Cristo. A Ele é que a mulher deve submeter-se. Mas simultaneamente se exige aqui também do homem um comportamento como o que Cristo exerceu. E o modo de comportar-se de Cristo vem exposto em quatro frases: "Ele salvou a Igreja", "Ele a ama", "Ele se entrega por ela" e "Ele a torna magnífica e formosa". Salvar significa também conservar e libertar. O homem tem, portanto, a tarefa de conduzir sua mulher à liberdade e de proteger seu eu. E o amor do homem deve exprimir-se mediante doação de si. Doação quer dizer, porém, esquecer-se a si mesmo e comprometer-se totalmente com o outro. Mediante a doação do homem, a mulher se torna formosa e descobre sua dignidade. Em seguida, o autor descreve ulteriormente o amor masculino: "Portanto, os homens devem amar suas mulheres como a seus próprios corpos" (Ef 5,28).

Por conseguinte, nenhum homem poderá usar estes versículos para justificar seu papel de dominador na família, obrigando todos a submeter-se a seus humores e ao seu arbítrio. O texto expressa, pelo contrário, de modo figurado, que homem e mulher devem escutar um ao outro e respeitar reciprocamente sua dignidade. Cada um se tornará para o outro uma bênção, do mesmo modo que Cristo se tornou uma bênção para nós, sempre que olhamos o outro com os olhos da fé, vendo nele não apenas o parceiro, mas também alguém no qual o próprio Cristo nos vem ao encontro. E deveríamos tomar como o exemplo o amor de Cristo: Cristo doou a si mesmo. O casamento vive da doação mútua, de um para o outro, e não da autoafirmação, da infalibilidade própria ou do caráter pretensamente absoluto das necessidades próprias.

Aqui fica claro que os textos bíblicos devem ser interpretados sob uma visão religiosa, e não sociológica. No plano da sociologia, a Bíblia apenas nos confirma a visão do ser humano então reinante no contexto da filosofia popular grega e do conceito romano de família. Mas a Bíblia assume as asserções da filosofia a fim de reinterpretá-las no contexto religioso ou espiritual. Desta forma, as palavras ganham um novo significado. Nós temos hoje em dia o direito de compreender esse texto de maneira nova, dialogando com nossa visão de homem e mulher, de casamento e parceria. Deste modo, o diálogo também conduz, por certo, a um questionamento de nosso modo de ver, muitas vezes unilateral, para então abri-lo à perspectiva proposta no próprio diálogo. É uma perspectiva que não fixa, mas sim que busca repetidamente interrogar-nos sobre o modo como Cristo deseja mudar nosso relacionamento na parceria e na família.

# 50
## O Cordeiro e o Livro dos sete sigilos

E vi um Cordeiro. Estava entre o trono com os quatro seres vivos e os anciãos. Estava de pé, como que imolado. O Cordeiro tinha sete chifres e sete olhos, que são os sete Espíritos de Deus enviados por toda a terra. Então o Cordeiro veio receber o livro da mão direita daquele que está sentado no trono. Quando ele recebeu o livro, os quatro seres vivos e os vinte e quatro anciãos ajoelharam-se diante do Cordeiro. Cada um tinha uma harpa e taças de ouro cheias de incenso, que são as orações dos santos. E entoaram um canto novo:

"Tu és digno de receber o livro
e abrir seus selos,
porque foste imolado,
e com teu sangue adquiriste para Deus
homens de toda tribo, língua, povo e nação.
Deles fizeste para o nosso Deus
um reino de sacerdotes.
E eles reinarão sobre a terra".

Em minha visão, ouvi ainda o clamor de uma multidão de anjos em volta do trono, dos seres vivos e dos anciãos. Eram milhões e milhões e milhares de milhares, que proclamavam em alta voz:

"O Cordeiro imolado é digno
de receber o poder, a riqueza, a sabedoria,
a força, a honra, a glória e o louvor" (Ap 5,6-12).

No último livro da Bíblia – o Apocalipse [ou, como se diz em alemão, "da Revelação de João"] – sempre nos é apresentado aos olhos o Cordeiro imolado. Somente o Cordeiro está habilitado a abrir o Livro dos sete sigilos. Mas o fato de abrir os sete sigilos não traz a salvação, mas sim, antes de tudo, a desgraça sobre a terra. Ao abrir-se o sétimo sigilo, aparecem perante Deus sete anjos, que recebem sete trombetas. Ao soar das trombetas, surge cada vez nova desgraça. Cores sombrias marcam a descrição do infortúnio. Estrelas caem do céu, o sol escurece. Um terço da água dos mares converte-se em sangue. A desgraça prossegue com as sete taças do furor de Deus, levadas e despejadas pelos anjos. Somente após todos estes cenários de desgraça entoa-se um canto de júbilo no céu, pois a grande prostituta foi julgada. Só então vem a descrição do novo mundo de Deus na imagem da Jerusalém celeste.

Numerosas seitas reivindicaram para si o Livro do Apocalipse e passaram a predizer o fim do mundo. Com isso, porém, elas entenderam erradamente o sentido deste livro. A meu ver, o significado desta minuciosa descrição das cenas terríveis que antecederam as maravilhosas imagens da salvação é o seguinte: A Boa-nova da salvação tem em vista justamente as pessoas marcadas por uma atitude interior catastrófica, pessoas pessimistas, deprimidas, sem esperança e desesperadas, para as quais este mundo está "na fossa", já não tem futuro. A mensagem da salvação é anunciada para conforto daqueles cuja alma está na escuridão, cujo sol interior se obscureceu, em cujo horizonte as estrelas caíram do céu, pessoas desiludidas e desesperançadas. As pessoas que vivem anunciando o fim do mundo já estão no fim de si mesmas e de suas possibilidades. Mas ao invés de projetar sua própria catástrofe para o mundo exterior, elas deveriam escutar a Boa-nova da revelação.

Eu resumiria da seguinte maneira a mensagem apocalíptica de redenção: Nada há em você que não possa ser transformado. O mundo, tal como você o experimenta, não tem nenhum poder sobre você. O próprio Deus intervém. Ele luta por você, mesmo que você se sinta perdido. Talvez você tenha o sentimento de que rezar não adianta. Em seu temor e desespero, você rezou, rezou e nada mudou. Talvez até tudo tenha ficado pior. Aí você pensou que tudo vai terminar em catástrofe, tudo em sua vida vai desmoronar. Se você assim reflete e sente, leia o Apocalipse de São João. Confie na palavra proferida pelo Cristo glorioso como última declaração do Apocalipse: "Aquele que atesta essas coisas, diz: "Sim! Venho muito em breve". Amém. Vem, Senhor Jesus!" (Ap 22,20). Pronunciar estas palavras no momento do maior temor e desespero, no qual nenhuma chance para a própria vida se divisa, é algo que transforma a escuridão e o desconsolo de sua alma. Estas palavras prometem a você: Você pode recomeçar, porque o próprio Deus refaz tudo de novo em Jesus Cristo. Este mundo, que mantém você em suas garras, não vai continuar a existir. A situação psíquica em que você se encontra e que parece tão sem saída, vai mudar. Mesmo que tudo em você desmorone, você mesmo não sucumbirá. Porque já agora há em você, em separado, um templo, um recinto sagrado, inacessível para o mundo e para a psique enferma. Naquele espaço íntimo nasce a criança divina que promete o reinício dentro de você. Neste templo sagrado dentro de você acontece o casamento com o Cordeiro. E este templo amplia-se até chegar à cidade celestial na qual brilha a glória de Deus. A luz de Deus espantará todas as trevas para fora de você.

O autor do Apocalipse tem em mente, portanto, anunciar a boa-nova da redenção por Jesus Cristo às pessoas que estão estraçalhadas em sua constituição psíquica, acossadas por depressões e nas quais se obscureceu toda perspectiva de uma vida bem-sucedida. O que ele nos quer dizer é o seguinte: A salvação de Deus não vale apenas para os fortes e sadios, mas justamente para aqueles que sofrem em si mesmos, em sua alma catastroficamente desanimada, sofrem por falta de perspectiva e pela fraqueza de sua existência. Precisamente quem teve sua vida e seu amor destruídos pelo animal-monstro deve elevar seu olhar para o Cordeiro que foi imolado para em seguida reinar. Para as pessoas que se sentem entregues aos algozes deste mundo existe a possibilidade de haurir do Cordeiro a esperança de que mesmo seus sofrimentos mortíferos não as aniquilarão, mas, pelo contrário, as levarão à vida, às núpcias do Cordeiro, à cidade celestial de Jerusalém na qual tudo resplandecerá novamente e nenhum poder restará para a escuridão e o mal.

# Conclusão

Neste livro, passamos em revista algumas passagens difíceis da Bíblia. A seleção dos textos foi feita de modo subjetivo: escolhi aqueles que me foram indicados diretamente por leitores e leitoras. Além disso, acrescentei alguns que, em conversas e cursos, notei constituírem um problema para as pessoas. No fundo, cada passagem da Bíblia é difícil. Cada um dos versículos trata de questionar minha maneira própria de ver a vida, trata de abrir meus olhos para que eu possa dirigir sobre mim e Deus um olhar diferente. Interpretando a Bíblia, nunca chegaremos ao fim. E nunca resolveremos todas as dificuldades. Muitos textos bíblicos são e permanecem pesados. Mas nossa tarefa consiste justamente em debater-nos com eles até compreendê-los. E compreender significa sempre: fazê-los coadunar-se com nosso entendimento. Os textos da Bíblia não confirmam nosso entendimento. Antes, eles provocam nossa razão e com bastante frequência conseguem atraí-la para um repensar. Mas não pretendem pular por cima de nosso entendimento. Deus nos propiciou o dom do entendimento, do espírito, da compreensão, a fim de penetrarmos cada vez mais profundamente nas palavras que Ele nos oferece na Bíblia.

As interpretações que escrevi neste livro não as pretendo absolutas, naturalmente. O leitor não precisa simplesmente aceitá-las e pronto, não. Você tem seu entendimento totalmente próprio e pessoal ao interrogar-se sobre o modo de coadunar o texto bíblico e a minha interpretação com o seu próprio pensar. O decisivo é que a passagem bíblica ponha em movimento nosso pensar. Pois muitas vezes ele fica parado, fixo e restrito. Você não precisa, em absoluto, acatar minhas interpretações. Mas meu desejo é que minha maneira de abordar as passagens bíblicas difíceis lhe possa ser de ajuda para descobrir seu próprio caminho no lidar com textos bíblicos difíceis. Talvez você então descubra que, debaixo da casca dura, se esconde um fruto doce. É uma experiência feita com a natureza. Muitas vezes a fruta fica protegida por uma casca dura. É preciso esforçar-se para quebrar a casca e chegar ao fruto. Da mesma maneira é necessário envidar um esforço mental para descobrir nas palavras bíblicas, aparentemente duras e incômodas à primeira vista, a mensagem que fecunda nossa vida.

Assim, desejo a vocês, cara leitora e caro leitor, que "topem a parada" ao se defrontarem com passagens bíblicas incômodas, inquietantes ou provocadoras. Vão à luta. Não coloquem a passagem de lado, considerando-a simplesmente ultrapassada. Dialoguem com seu sentimento de irritação. Assim ele lhes fará ver suas próprias ambições ou necessidades preteridas ou suprimidas ou também suas velhas feridas. E sua irritação é o impulso para penetrar mais fundo no sentido das palavras bíblicas. Juntamente com Santo Agostinho desejo-lhes que se debatam com a palavra bíblica até ficarem amigos ou amigas dela e assim harmonizarem-se com a palavra que Deus profere através das palavras humanas. Meditem sobre as palavras durante o tempo necessário para que ocorra o que o Papa Gregório Magno indicava como objetivo de toda e qualquer interpretação bíblica: Descobrir na palavra de Deus o coração de Deus. O coração de Deus esconde-se muitas vezes atrás de uma casca dura e áspera. Mas seu coração é misericordioso, um coração de amor e ternura, de amplidão e liberdade.

# Referências

BADER, W. (ed.). *Vater Unser* – Stimmen und Variationen zum Gebet des Herrn [Pai-nosso – Vozes e variações sobre a Oração do Senhor]. Munique, 1999 [citado neste livro sob o nome do editor: Bader].

BERGER, K. *Wozu ist Jesus am Kreuz gestorben?* [Para que Jesus morreu na cruz?]. Stuttgart, 1998.

BERTRAM, G. "Moros". In: *Theologisches Wörterbuch zum Neuen Testament* ["Moros". *Dicionário Teológico do Novo Testamento*], IV, p. 837s.

DREWERMANN, E. *Strukturen des Bösen* – Band II: Die jahwistische Urgeschichte in psychoanalytischer Sicht [Estruturas do mal – Vol. II: A história primitiva javeísta na visão psicoanalítica]. Paderborn, 1988.

GNILKA, J. *Das Matthäusevangelium,* I und II [O Evangelho de Mateus]. Friburgo, 1986 e 1988.

GÖRRES, A. "Die Gotteskrankheit – Religion als Ursache seelischer Fehlentwicklung". In: BÖHNE, W. (ed.). *Ist Gott grausam?* – Eine Stellungnahme zu Tilmann Mosers "Gottesvergiftung" ["A doença de Deus – Religião enquanto causa de desenvolvimento psíquico defeituoso". In: *Deus é cruel?* – Uma tomada de posição sobre o tema "Envenenamento por Deus"]. Stutgart, 1977, p. 10-21.

KLAUCK, H.-J. *Der I. Korintherbrief* – Die neue Echter Bibel [A Primeira Epístola aos Coríntios – A Nova Bíblia da Editora Echter][8]. Würzbugo, 1989.

LAPIDE, P. Er wandelt nicht auf dem Meer – Ein jüdischer Theologe liest die Evangelien [Ele não andou sobre as águas do mar – Um teólogo judeu lê os evangelhos]. Güterlosh, 1984.

LUZ, U. *Das Evangelium nach Matthäus* [O Evangelho segundo Mateus]. Neukirche-Vluyn et al., 1985-1995.

STHLMACHER, P. *Der Brief an die Römer* – Das Neue Testament deutsch. 15. ed. [A Epístola aos Romanos – O Novo Testamento em Alemão]. Göttingen, 1998.

---

8. Tradução unificada para todas as dioceses alemãs [N.T.].

190

# EDITORA VOZES
## Editorial

## CULTURAL

Administração
Antropologia
Biografias
Comunicação
Dinâmicas e Jogos
Ecologia e Meio Ambiente
Educação e Pedagogia
Filosofia
História
Letras e Literatura
Obras de referência
Política
Psicologia
Saúde e Nutrição
Serviço Social e Trabalho
Sociologia

## CATEQUÉTICO PASTORAL

**Catequese**
Geral
Crisma
Primeira Eucaristia

**Pastoral**
Geral
Sacramental
Familiar
Social
Ensino Religioso Escolar

## TEOLÓGICO ESPIRITUAL

Biografias
Devocionários
Espiritualidade e Mística
Espiritualidade Mariana
Franciscanismo
Autoconhecimento
Liturgia
Obras de referência
Sagrada Escritura e Livros Apócrifos

**Teologia**
Bíblica
Histórica
Prática
Sistemática

## REVISTAS

Concilium
Estudos Bíblicos
Grande Sinal
REB (Revista Eclesiástica Brasileira)

## VOZES NOBILIS

Uma linha editorial especial, com importantes autores, alto valor agregado e qualidade superior.

## VOZES DE BOLSO

Obras clássicas de Ciências Humanas em formato de bolso.

## PRODUTOS SAZONAIS

Folhinha do Sagrado Coração de Jesus
Calendário de mesa do Sagrado Coração de Jesus
Agenda do Sagrado Coração de Jesus
Almanaque Santo Antônio
Agendinha
Diário Vozes
Meditações para o dia a dia
Encontro diário com Deus
Guia Litúrgico

CADASTRE-SE
**www.vozes.com.br**

**EDITORA VOZES LTDA.**
Rua Frei Luís, 100 – Centro – Cep 25689-900 – Petrópolis, RJ
Tel.: (24) 2233-9000 – Fax: (24) 2231-4676 – E-mail: vendas@vozes.com.br

UNIDADES NO BRASIL: Belo Horizonte, MG – Brasília, DF – Campinas, SP – Cuiabá, MT
Curitiba, PR – Fortaleza, CE – Goiânia, GO – Juiz de Fora, MG
Manaus, AM – Petrópolis, RJ – Porto Alegre, RS – Recife, PE – Rio de Janeiro, RJ
Salvador, BA – São Paulo, SP